韓國八字命理第一集團 李修門派 §八字入門

The LeeSoo School BaZi-Art Mastery Course™ /a Bazi primer - 3/Diciple*

生旺死絕

The rise and fall

Lee Soo

장서원
도서출판

- The rise and fall -

體 - Body

Module 1, 干支八字(간지팔자), The Sexagenary Cycle

Module 2, 五行十星(오행십성), The Five Elements

用 - Use

√ Module 3, 生旺死絶(생왕사절), The rise and fall

Module 4, 六神物象(육신물상), Phases of the BaZi

變 - Turn

Module 5, 空亡秘鑰(공망비약), Touching the Void

Module 6, 刑沖會合(형충회합), The Kaleidoscope of Life

☞ 이수 선생의 팔자학 동영상 강의는 '유투브'를 통해 시청하실 수 있습니다.

www.youtube.com	leesoo bazi	search

차례

The rise and fall

用. 生旺死絶(생왕사절)

五行十星(오행십성)(Module 2) 편에서 强弱(강약)과 休旺(휴왕)의 개념 차이를 비교적 선명하게 설명해 두었는데 先學(선학)들은 이점을 분명히 구분하지 않았습니다.

▶ 强弱休旺分(강약휴왕분)

强弱(강약)	强(강)	通根(통근)
	弱(약)	無根(무근)
休旺(휴왕)	休(휴)	失時(실시)
	旺(왕)	得時(득시)

▶ 強弱衰旺分(강약쇠왕분)

日(일)	月(월)
甲	戊
子	寅
> 身旺財旺(신왕재왕)	

日(일)	月(월)
甲	戊
寅	子
> 身強財強(신강재강)	

이를테면 子平眞詮(자평진전), 論干支(논간지) 편에 '十干(십간)이 得時(득시)해도 不旺(불왕)하고, 失時(실시)해도 '不弱(불약)'함을 논하는 대목이 있는데, 十干(십간)이 得時(득시)하면 일단 旺(왕)한 것이고 다만 身弱(신약)할 수는 있는 것입니다. 즉 得時(득시)하면 旺(왕)하고 失時(실시)하면 衰(쇠)한 것입니다. 그런데 沈孝瞻(심효첨)은 "日元(일원)이 비록 出生月(출생월)에서 當令(당령)하지 못했더라도 年日時(년일시)에서 祿旺(록왕)을 만난다면 어찌 衰弱(쇠약)하다고 단정할 수 있겠는

가?"라고 반문하며 強과 旺, 衰와 弱을 동일시하는 일말의 혼동을 범했습니다. 비단 沈孝瞻뿐만 아니라 후대에 이르기까지 氣勢의 명료한 구분을 기한 바가 없었습니다. 다시 말해 日元이 出生月에서 當令하지 못했더라도 年日時에서 祿旺을 만난다면 일단은 衰한 것이고 身은 強한 것으로 보아야 옳습니다.

다음으로 論陰生陽死의 문제가 지금까지 子平學의 걸림돌이 되는 부분인데, 가령 甲木은 亥에서 生하고 午에서 死하지만, 이와 반대로 乙木은 亥에서 死하고 午에서 生하는 陰陽의 生死가 다른 점이 현재까지 상반되는 견해와 논리로 통합되지 못했습니다. 徐樂吾는 종래의 術書를 거론하며 生旺墓絶이 五行의 生旺墓絶이지 天干의 生旺墓絶이 아니라고 단정했고, 여전히 많은 인사들이 陰陽을 구분하지 않는 生旺墓絶을 인정할 수 없다는 입장을 취하고 있습니다. 이상이 모두 그릇된 주장은 아니나, 둘 다 온전한 이론 체계로는 볼 수 없는 것입니다. 답은 간단합니다. 八字術의 原則(bazi doctrine)을 세우면 이 둘은 별반 대립되는 경우가 없습니다. 즉 八字의 干支 모두를 月令에 귀속시켜 喜忌를 논할 때는 陰陽生死를 취할 필요가 없이 五行의 休旺으로 살피는 게 맞습니다.

▶ 五行休旺例

火旺	木休	水休	金休
丙	乙	壬	庚
戌	亥	午	子
土旺	水休	夏月	水休

生旺死絶을 十二運星으로 보다 세분화해서 정리한 것을 胞胎法이라 하는데 陰生陽死의 원리로 인해 陽胞胎와 陰胞胎를 따로 일컫는 경우가 많습니다. 엄밀히 따져 胞胎法은

하나지, 굳이 陽胞胎(양포태)와 陰胞胎(음포태)로 나누어 논할 까닭이 없습니다. 다시 말해 陽胞胎(양포태)와 陰胞胎(음포태)는 모두 陰生陽死(음생양사)의 원리에 따라 그대로 적용되어야 한다는 얘기입니다. 胞胎法(포태법)은 앞에서 언급한 月令(월령)을 기준으로 五行(오행)의 休旺(휴왕)을 살피는 수순과 달리 일차적으로 同柱(동주)에 국한해서 적용되는 이론입니다. 그러므로 日元(일원)의 陰陽(음양)을 나누어 四支(사지)의 生旺墓絶(생왕묘절)을 살핀다거나, 혹은 四干(사간)의 陰陽(음양)을 나누어 月支(월지)의 生旺墓絶(생왕묘절)을 거론하는 것 자체가 八字術(팔자술)의 원칙이 서지 않았음을 반증하는 사례라 하겠습니다.

▶ 胞胎法例(포태법례)

▽	▽	▽	▽
丙	乙	壬	庚
戌	亥	午	子
丙墓(병묘)	乙死(을사)	壬胎(임태)	庚死(경사)

지금까지 旺相休囚와 生旺死絶은 그 의미가 대략 비슷하지만, 적용법에서는 방법을 달리 한다고 했습니다. 즉 八字의 각 글자 五行을 月令에 귀속시켜 喜忌를 가리는 측면(bazi doctrine)에서는 주로 休旺으로 구분하고, 生旺死絶(Module 3)에서 다루는 주된 내용은 胞胎法이 됩니다. 하지만 五行의 旺相休囚와 生旺死絶은 동떨어진 개념이 아니므로 이 둘의 갭(gap)을 약간 조율할 필요가 있습니다. 이를테면 寅月에 土는 休旺으로 볼 때 死하지만 衰旺으로 살피면 生이 됩니다. 旺相과 生旺의 의미가 다소 차이가 나는 것은 가령 亥月과 子月은 다 같이 木의 相이지만 亥는 旺으로 간주할 수 있으되, 子는 旺과 거리가 먼 계절이라 할 수 있습니다. 따라서 지금까지의 休旺論과 衰旺論을 조율한 각 五行에 따른 衰旺의 구분을 분명히 기할 필요가 있습니다.

▶ 五行旺衰表(오행왕쇠표)

<table>
<tr><th>五行(오행)</th><th>寅月(인월)</th><th>卯月(묘월)</th><th>辰月(진월)</th><th>巳月(사월)</th><th>午月(오월)</th><th>未月(미월)</th><th>申月(신월)</th><th>酉月(유월)</th><th>戌月(술월)</th><th>亥月(해월)</th><th>子月(자월)</th><th>丑月(축월)</th></tr>
<tr><td>木(목)</td><td colspan="2">旺(왕)</td><td>強(강)衰(쇠)</td><td colspan="2">休(휴)</td><td>強(강)墓(묘)</td><td colspan="3">死(사)</td><td>旺(왕)</td><td colspan="2">相(상)</td></tr>
<tr><td>火(화)</td><td>旺(왕)</td><td colspan="2">相(상)</td><td colspan="2">旺(왕)</td><td>強(강)衰(쇠)</td><td colspan="2">囚(수)</td><td>強(강)墓(묘)</td><td colspan="3">死(사)</td></tr>
<tr><td>土(토)</td><td>旺(왕)</td><td>死(사)</td><td>旺(왕)</td><td colspan="3">旺(왕)</td><td colspan="2">休(휴)</td><td>旺(왕)墓(묘)</td><td colspan="2">囚(수)</td><td>旺(왕)</td></tr>
<tr><td>金(금)</td><td colspan="3">囚(수)</td><td>旺(왕)</td><td colspan="2">死(사)</td><td colspan="3">旺(왕)</td><td colspan="2">休(휴)</td><td>旺(왕)墓(묘)</td></tr>
<tr><td>水(수)</td><td colspan="2">休(휴)</td><td>強(강)墓(묘)</td><td colspan="3">囚(수)</td><td>旺(왕)</td><td colspan="2">相(상)</td><td colspan="2">旺(왕)</td><td>強(강)衰(쇠)</td></tr>
</table>

보통 五行(오행)의 生地(생지)는 十二運星(십이운성) 중에 最吉星(최길성)과 같아 旺(왕)의 亨通(형통)한 기운으로 간주해도 무방합니다. 金(금)에서 戌(술)과 丑(축)은 모두 金(금)이 通根(통근)하는 가운데 正氣(정기)의 生(생)을 얻어 旺(왕)으로 구분해도 무리가 없습니다. 한편 強弱(강약)을 논할 때 月支(월지)에서 通根(통근)

한 天干의 글자를 가장 勢力이 센 것으로 본다고 했는데, 이것은 비단 勢로 그치는 게 아니라 月令의 氣를 얻었으므로 奇特한 성질이 있어 奇格을 이루는 근거가 되기도 합니다.

干支屬象

三命通會에 十干을 天文에 分配하고 十二支를 地理에 分配한 내용을 살펴 정리하면 다음과 같습니다.

甲木은 우레, 雷와 같아 陽氣가 분출되는 형상입니다. 甲木은 申金을 보면 絶地가 되니 申月이 되면 우레 소리는 멎고 仲春에 터지는 것입니다. 대개 甲日에 속하는 命은 類象이든, 趨乾이든, 遙巳든, 拱貴든 어느 것을 막론하고 天干에 甲木이 있는 것을 기뻐합니다. 經에 이르길, 甲日에 난 사람이 春月 生이면 處世가 晏然하고 長壽한다 했습니다.

▶ 類象(류상), 趨乾(추건), 謠巳(요사), 拱貴(공귀)

類象(류상)	干地(간지)가 一行(일행)으로 무리를 지은 유형
趨乾(추건)	甲日(갑일) 亥(乾)時(해건시)로 命中(명중) 寅巳(인사)가 없을 때
謠巳(요사)	甲子日(갑자일) 甲子時(갑자시)로 命中(명중) 巳亥(사해)가 없을 때
拱貴(공귀)	甲寅日(갑인일) 甲子時(갑자시)로 丑貴(축귀)가 拱挾(공협)

乙木(을목)은 바람, 風(풍)이니 바람은 나무가 있는 곳에서 자연 불어오기 마련입니다. 乙木(을목)은 巳火(사화)를 보면 敗(패)하는 데 이것은 불과 바람이 木(목)에서 生(생)하여 도리어 木(목)을 꺾고 태우기 때문입니다. 만일 乙日(을일)에 난 사람이 卯(묘)를 보고 秋月(추월)에 태어나면 大吉(대길)합니다. 가을에는 金(금)이 旺(왕)하여 乙木(을목)은 능히 化(화)하고 從(종)할 수 있으며 뿌리가 강한 木(목)은 날카로운 金(금)이 아니면 자르고 깎을 수 없기 때문입니다. 乙木(을목)은 亥(해)를 만나면 반드시 죽으니 亥月(해월)에는 잎이 떨어져 기운이 뿌리로 돌아갑니다.

丙火는 태양, 日과 같습니다. 日과 火는 모두 文明의 象으로 寅에서 生하고 酉에서 死하니 이것은 해가 酉時, 저녁에 지는 것과 마찬가지입니다. 眞寶賦에 丙日에 난 사람이 丑時에 태어나면 日出地上의 格으로 아름다운 命이라 했습니다. 무릇 태양은 봄가을이 좋고, 여름에는 찌고 겨울에는 침침하니 태어난 계절에 따라 자세히 살필 필요가 있습니다.

丁火는 별, 星입니다. 별은 밤이 되어야 찬란하고, 陰火 등불은 어두워야 빛을 내니 보통 丁日에 난 사람은 밤과 가을에 태어나는 것을 기뻐하는데 이것은 星光을 얻기 때문입니다. 특히 亥時에 나면 길이 富貴한다 했으니 亥가 北方에 있어 天門이 되고 北極星이 있기 때문입니다.

戊土는 노을, 霞가 됩니다. 土는 일정한 氣가 없이 四季에 붙어 있으며 火에 의해 生하므로 노을도 일정한 體가 없이 日로 인해 출현합니다. 丙火가 日이면 戊土가 노을이 되는 것을 자연 알게 되니 태양이 다하면 노을도 장차 滅하게 됩니다. 戊日에 난 사람이 八字에 水氣를 보면 霞水相映의 上格으로 文彩를 이루니 특히 年과 月에서 癸水를 보면 비온 뒤 노을빛이 선명한 격으로 文明을 보는 것입니다.

己土는 구름, 雲과 같은데 己土는 酉에서 生하니 酉는 곧 兌卦의 자리로 이것은 澤을 뜻하여 山宅之氣라, 己는 비록 土에 속하나 山川에 일어나는 구름이나 안개, 霧로 볼 수 있습니다. 己는 甲과 合하여 土로 化하는 이치가 있는데, 이것은 氣가 상승하여 구름이 비를 내리면 곧 土를 潤澤하게 하는 것이니 그 造化가 매우 妙합니다. 까닭에 己日에 난 사람이 酉에 앉아 있거나 봄에 태어나면 貴하고 甲을 보아도 역시 貴하나 乙은 不可하니 이것은 바람에 구름이 흩어지기 때문입니다.

庚金은 달, 月에 비유했는데 비록 陽金이나 달은 가을이

라야 盛하여 가을의 달이 더욱 밝은 빛을 내며 그 色이 또 한 金과 동일한 白色으로 동일한 점이 있다고 본 것입니다. 經에 이르길, 庚金이 子水를 보면 달이 물결에 잠겨 있다고 표현했습니다. 만일 庚日에 난 사람이 八字에서 乙巳를 보면 月白風淸의 佳命이 되고 秋月 生이 上格이고 다음이 冬月 生이며 春夏는 특별히 取할 바가 아니라 했습니다.

辛金은 서리, 霜과 같으니 酉月이 建祿地로 이때는 草木이 말라 떨어지니 乙木이 酉에 絶地가 되는 것과 같은 이치입니다. 辛은 丙과 合하여 水로 化하는데 태양을 보면 녹아 물이 되므로 서리와 같은 것입니다. 辛日에 난 사람이 卯에 앉고 乙木이 透하지 않으면 大富하게 되고, 亥에 앉아 丙火가 透하면 貴格이라 했으며 冬節 生이 좋다 했습니다.

壬水는 가을 이슬, 秋露입니다. 봄에도 이슬이 있으나 유독 가을 이슬에 비유한 것은 春露는 雨露로 萬物을 적셔 살리고, 秋露는 霜露로 굴복시켜 죽이니 功과 用이 서로 다르기 때문입니다. 대개 이슬은 水에 속하고 壬水는 申에서 長生하니 水는 본래 木을 生하는 것이나 木은 申에 이르러 絶地가 되므로 壬水가 木을 生한다고 볼 수 없습니다. 그래서 壬水는 秋露입니다. 壬日에 난 사람이 丁火를 보면 가장 顯達하게 되는데 丁은 星河요 壬은 秋露니 찌는 더위를 씻어내고 종횡으로 빛나기 때문입니다.

癸水는 봄장마, 春霖으로 보는데 이것은 癸水가 卯에 長生하기 때문입니다. 또 卯의 앞자리가 辰인데 辰은 龍宮으로 卯가 龍宮과 가까워 水가 生하니 龍이 조화를 부려 비를 오게 하는 것과 같습니다. 卯는 雷門이라고도 하는데 우레가 치면 龍이 일어나니 이로 보건대 癸水를 봄장마로 일컫는 이치를 알게 됩니다. 만일 癸卯日에 난 사람이 己土를 보게 되면 雲行雨施(운행우시)의 象(상)이라 필시 理財(이재)에 능한 사람이 됩니다.

春夏(춘하)의 계절을 기뻐하고, 秋冬(추동)은 좋지 않습니다.

Note 1 : 十幹分配天文(십간분배천문)

甲木為雷. 雷者, 陽氣之嘘也. 甲木屬陽, 故取象于雷焉. 稽諸月令, 仲春之月, 雷乃發聲. 甲木旺, 即其驗也, 況雷奮於地, 木生於地, 其理又無不同者. 甲木至申而遂絕, 以雷聲至申而漸收也. 凡命屬甲日, 主喜值春天, 或類象, 或趨乾, 或遙巳, 或拱貴, 俱大吉 : 運不喜西方. 經雲 : 木在春生, 處世安然, 必壽.

乙木為風. 乙木長生在午, 敗在巳. 在午而生者, 蓋乙為山林活木, 至夏來而暢茂, 詩所謂千章夏木青是也 ; 其敗巳雲何? 巳乃巽地, 巽為風. 木盛風生也, 風生於木而反摧木, 猶之火生於木而反焚木, 其取敗也固宜, 所謂乙木為風者, 木其所自生雲爾. 如人乙日建生者, 在秋令大吉, 秋令金旺, 乙木能化能從而盤根錯節, 非利器無所裁成 ; 逢亥必死, 其落葉歸根之時耶?

丙為日.《說卦傳》日 : 離為火為日, 日與火皆文明之象, 是以丙火為日之名不易焉. 太陽朝出而夕入, 陽火寅生而酉死, 而又何異乎? 凡六丙生冬夏, 不如春秋, 春日有暄萬物之功, 秋陽有燥萬物之用, 冬則陰晦, 夏則炎蒸, 宜細堆之.

丁火為星. 丙火死而丁火遂從生焉, 在天之日薄而星回也. 類如此星象唯入夜故燦爛, 陰火唯近晦故輝煌, 丁不謂之星而何? 凡丁日生人喜遇夜, 喜遇秋, 如星光之得時也； 又喜行身弱地, 如石裏所藏屬丁火, 石雖在水, 即時取擊, 亦自有火； 其丁巳一日, 多克父兄妻子, 蓋財忌比劫, 兄屈弟下, 巳中有戊土, 傷官也.

戊土為霞. 土無專氣, 依火而生, 霞無定體, 借日以現, 知丙火之為日, 則知戊土之為霞矣. 是霞者, 日之餘也, 日盡而霞將滅沒, 火熄則土無生意, 故謂之霞也. 如戊土日主愛四柱帶水則為上格, 霞水相輝而成文彩也； 更喜年月幹見癸, 癸則為雨, 雨後霞現而睹文明也.

己土為雲. 己土生居酉, 酉, 兌方也, 其象為澤. 先正曰: “天降時雨, 山川出雲.” 然則雲者, 山澤之氣也, 己雖屬土, 以此論之, 則其謂之雲也亦宜. 故甲己合而化土, 其氣上升而雲施; 雲雷交而作雨, 其澤下究而土潤. 此造化之至妙者與! 凡身主屬己土, 貴坐酉, 貴春生, 貴見印, 坐亥者不可見乙木, 雲升天, 遇風則狼籍而不禁也.

庚金為月. 庚乃酉方陽金, 何以知其配月乎? 曰: 五行之有庚, 猶四時之有月也； 庚不待秋而長生, 然必秋而始盛； 月不待秋而後月, 然必秋而益明. 以色言, 月固白也, 其色同矣；

以氣言，金生水也，潮應月也，其氣同矣．經雲：　金沈在子．見其與月沈波也，三日月見庚方見，月初生與庚為位也，故曰庚金為月．如人庚日生者，四柱有乙巳字出，謂之月白風清，秋為上，冬次之，春夏無取．

辛金為霜．八月，辛金建祿之地，是月也天氣肅殺，白露為霜，草木黃落而衰，故五行陰木絕在此地，若木經斧斤之斬伐，未有所生焉者也．斧斤以時入山林，嚴霜以時殺草木，揆之天道，參之人事，信乎辛金之為霜矣．如辛人坐卯，未透乙，大富，坐亥透丙則貴．愛冬生．

壬水為秋露．春亦有露，何獨擬之以秋？蓋春露、雨露既濡之露，秋露、霜露既降之露也，露一也，春主生，秋主殺，功用不同有如此，然吾以壬為秋露也，蓋露屬水，而壬水生於申，水本能生木者，水既然在此而生，木何由於此而絕？故知壬之為露，秋露也．如壬日生秋，見丁火最顯，丁為星河，壬為秋露，一洗炎蒸，象緯昭然矣．

癸水為春霖．癸水生卯月，號曰春霖．蓋陰木得雨而發生也，然至申則死，七，八月多乾旱也．且卯前一位是辰，辰，龍宮也，卯近龍宮而水生，龍一奮遂化為雨焉；卯為雷門，雷一震而龍必興焉，觀此則癸水其春霖矣．如癸卯日透出己字者，有雲行雨施之象，其人必有經濟才也．春夏吉，秋冬不吉．

子는 墨池입니다. 正北方이 있어 水에 속하며 色이 검어 墨池의 象이 있습니다. 子年生이 癸亥時에 나면 물이 大海로 돌아가니 또 이르기를 雙魚遊墨이라, 필시 文章家가 될 것입니다.

丑은 柳岸입니다. 丑中에 水金土가 있어 岸이란 土가 물을 그치게 하는 고로 柳岸이라 이른 것입니다. 時經에 언덕 위에 어린 버드나무 빛이 黃金과 같다 한 것이 바로 이 말입니다. 丑生이 己未時를 보면 月照柳梢라 上格의 極을 이룹니다.

寅은 廣谷입니다. 寅은 艮方으로 곧 山이니 戊土가 長生하여 廣谷의 뜻이 드러납니다. 자연 寅宮에 범이 있으니 寅生이 戊辰時에 나면 虎嘯而谷風生이라 威嚴이 萬里에 震動합니다.

卯는 璟林입니다. 卯는 乙木과 같으며 正東方에 위치하고 계절로는 仲春이 되며 萬物이 소생하는데 그 색이 푸른빛이 나는 구슬과 같아 璟林이라 합니다. 卯生이 己未時를 보면 兎入月宮이라 大貴해집니다.

辰은 草澤입니다. 春秋左氏傳에 이르길 深山과 大澤에 龍이 산다고 했는데 이곳에 물이 모이고 辰은 東方에 있어 水庫이자 草澤이 됩니다. 辰生이 壬戌과 癸亥를 만나면 龍歸大海格을 이룹니다.

巳는 大驛입니다. 大驛이란 사람이 많이 모이는 道路가 通達하는 곳입니다. 巳中에 丙火와 戊土가 있고 바로 그러한 象이고 또 巳前에 午馬가 있는 고로 大驛이라 한 것입니다. 巳生이 辰時를 얻으면 蛇化輕龍이라 蛇化靑龍格을 이룹니다.

午는 烽堠입니다. 正南方에 위치하여 火에 속하고 그 色

이 赤黃으로 烽堠라 한 것인데 게다가 午는 馬도 되어 馬兵火의 處所가 됩니다. 午生이 辰時를 보면 龍이 나온 것이니 馬化龍馬라 이릅니다.

未는 花園입니다. 卯가 아닌 未가 花園이 되는 이유는 卯가 木旺하여 스스로 숲을 이루는 반면 未는 木庫로 사람이 담을 쌓고 百花를 심은 것과 같으니 未中에는 여러 雜氣가 있기 때문입니다. 未年人은 雙飛格이 最妙하니 가령 辛未가 戊戌을 보면 兩干不雜 - 辛未年 戊戌月 辛未日 戊戌時 - 이 됩니다.

申은 名都입니다. 땅, 坤의 자리로 그 體가 無疆하니 名都가 아니면 比喩할 수 없습니다. 申, 坤, 都란 帝王의 자리로 申宮에서 壬水가 生하고 다시 艮山과 상대하니 水繞山環이라 무릇 申生이 亥時를 기뻐하니 天地交泰가 됩니다.

酉는 寺鐘입니다. 酉는 金에 屬하며 戌亥 天門과 가까워 鐘敲하면 울림이 天門에 이릅니다. 또 酉는 正西에 있어 寺는 西方 佛界입니다. 酉는 寅을 보면 吉한 것은 鐘鳴谷應이기 때문입니다.

戌은 燒原입니다. 戌月은 九月로 草木이 다 시드는 때라 田家는 焚燒하고 耕作하는데 戌은 土에 屬하여 燒原이라 하는 것입니다. 까닭에 戌은 辰과 더불어 貴人이 臨하지 않는 곳입니다. 戌生이 卯를 보면 春入燒痕이라 합니다.

亥는 懸河입니다. 天河의 水가 奔流하여 不回하니 懸河라 하고, 亥는 곧 天門이며 水에 屬하니 懸河之象이 됩니다. 亥年이나 亥月生이 日時에서 寅이나 辰을 보면 水拱雷門이라 합니다.

Note 2：十二支分配地理

(십이지분배지리)

子為墨池. 子在正北方, 屬水, 色象墨, 故有墨池之象. 凡命逢子年生者, 時喜見癸亥, 謂之水歸大海, 又謂之雙魚遊墨, 必為文章士矣.

午為烽堠. 午正位於南, 屬火, 土, 其色赤黃, 名其曰烽堠者, 此也 ： 又午為馬, 烽堠乃戎馬兵火之處所也, 午生人時利見辰, 真龍出則凡馬空矣, 謂之馬化龍駒.

卯為瓊林. 卯系乙木, 居位正東, 于時為仲春, 萬物生焉, 色若琅之青, 故曰瓊林. 卯年遇己未時者, 是為兔入月宮之象, 主大貴.

酉為寺鍾. 酉屬金, 位近戌亥, 戌亥者, 天門也, 鍾, 金屬也, 寺鍾敲則響徹天門：又酉居正西, 寺則西方佛界也. 酉見寅吉, 謂之鍾鳴谷應.

寅為廣穀. 寅乃艮方, 艮為山, 戊土長生於是而廣穀之義著矣. 然寅宮有虎, 寅生人而時戊辰者, 謂之虎嘯而穀風生, 威震萬里.

申為名都. 坤為地, 其體無疆, 非名都不足以喻之. 申, 坤也, 都者 ： 帝王所居 ： 申宮壬水生, 又與艮山對, 是水繞山環也. 凡命愛申年亥時, 乃地天交泰.

巳為大驛. 大驛者, 人煙湊集, 道路通達之地. 巳中有丙火戊土, 是其象也, 又巳前有午馬, 故曰大驛. 巳生喜得辰時, 蛇化輕龍, 於格為千里龍駒.

亥為懸河. 天河之水, 奔流不回, 故曰懸河, 亥即天門, 又屬水, 非懸河之象乎? 亥年建生, 日時見寅, 辰二字, 是乃水拱雷門.

辰為草澤. 夫澤, 水所鍾也, 辰在東方之次, 為水庫, 故為草為澤； 辰逢壬戌、癸亥即龍歸大海格.

戌為燒原. 戌月在九秋, 草木盡萎, 田家焚燒而耕, 又戌屬土, 是以稱名燒原, 故戌與辰地皆貴人所不臨也. 戌生逢卯, 號曰春入燒痕.

丑為柳岸. 丑中有水有金, 岸者, 土也, 所以止水也, 故謂柳岸. 丑人時見己未, 乃月照柳梢, 極為上格.

未為花園. 花園屬之未, 不屬之卯, 何也? 卯乃木旺, 自成林麓； 未乃木庫, 如人築牆垣以護百花也, 以百花言未中有雜氣耳； 未年人雙飛格, 最妙, 如辛未見戊戌, 兩幹不雜是也.

胞胎論(포태론)

陰陽(음양)의 生旺死絶(생왕사절)을 보다 세분화한 것이 十二運星論(십이운성론)이고, 곧 胞胎法(포태법)이라 할 수 있습니다. 十二運星(십이운성)(The Twelve Stages of Life)은 '胞(포), 胎(태), 養(양), 生(생), 浴(욕), 帶(대), 祿(록), 旺(왕), 衰(쇠), 病(병), 死(사), 墓(묘)'의 열 두 단계로 구분됩니다.

▶ 十二運星表(십이운성표)

十二	絶(절)			長生(장생)	沐浴(목욕)	冠帶(관대)	臨官(임관)	帝旺(제왕)				葬(장)
運星	胞(포)	胎(태)	養(양)	生(생)	浴(욕)	帶(대)	祿(록)	旺(왕)	衰(쇠)	病(병)	死(사)	墓(묘)
甲(갑)	申	酉	戌	亥	子	丑	寅	卯	辰	巳	午	未
乙(을)	酉	申	未	午	巳	辰	卯	寅	丑	子	亥	戌
丙(병)	亥	子	丑	寅	卯	辰	巳	午	未	申	酉	戌
丁(정)	子	亥	戌	酉	申	未	午	巳	辰	卯	寅	丑
戊(무)	亥	子	丑	寅	卯	辰	巳	午	未	申	酉	戌
己(기)	子	亥	戌	酉	申	未	午	巳	辰	卯	寅	丑
庚(경)	寅	卯	辰	巳	午	未	申	酉	戌	亥	子	丑
辛(신)	卯	寅	丑	子	亥	戌	酉	申	未	午	巳	辰
壬(임)	巳	午	未	申	酉	戌	亥	子	丑	寅	卯	辰
癸(계)	午	巳	辰	卯	寅	丑	子	亥	戌	酉	申	未

八字(팔자)에 胞胎(포태)를 적용하는 법은 우선 두 가지로 정할 수 있습니다. 첫째는 同柱(동주)에 주안을 두어 天干(천간)의 六神(육신)(6 aspects)을 위주로 살피는 것입니다. 둘째는 각 天干(천간)의 六神(육신)을 月支(월지)에 배정하여 의미를 살피는 것인데 이때 日元(일원)은 月支(월지) 六神(육신)의 運星(운성)을 고려하게 됩니다. 이상은 干支(간지) 전체의 글

자를 月令에 歸屬시켜 喜忌의 대강을 가늠하는 十星法과 차별되는 중요한 점이라 할 수 있습니다. 또한 六神物象(Module 4)의 法手에 이르면 干支의 특별한 경계를 두지 않고 각 글자의 五行으로 入墓를 논하지만, 胞胎에서는 해당 干支에 집중하여 陰陽干의 病死墓絶 등을 運用하는 법이 다릅니다. 따라서 胞胎法은 元命이나 大運과 같은 體의 범주보다 流年을 비롯한 歲月, 用의 영역에서 더욱 긴밀하게 활용됩니다. 運法에서 胞胎를 적용하는 것은 곧 한해의 成敗와 得失을 규정하기 이전의 象으로서 의미를 지니게 됩니다. 胞胎法 일반과 관련된 하나의 보기를 들어 설명해보겠습니다.

ver.1	丙墓	乙死	壬胎	庚死
同柱	丙	乙	壬	庚
ver.2	戌	亥	午	子
月支	丙旺		食生	庚浴

八字의 元命을 胞胎法으로 추리하는 것은 單式에 불과합니다. 이에 앞서 八字 干支, 각 글자의 十星 休旺과 格用 등을 즉시 판별해 두는 게 선행되어야 마땅하겠지만 일단은 胞胎에 주안을 두고 庚子生의 看命 一角을 살펴보겠습니다.

먼저 乙, 日元은 亥의 死地에 앉았는데 死는 모든 기능이 정지된 상태를 뜻하여 萬事가 凍結되는 현상을 나타내니 이 사람이 움직이고 活動하지 않는다면 흡사 죽은 목숨과 같아 身病이 필연적으로 따르게 됩니다. 보통 乙亥 日主는 神經精神, 頭腦 계통의 疾患을 앓기 쉽습니다. 한편 月支는 日元의 長生이자 食神의 生宮으로 貴人의 도움을 받게 되고,

고통을 감내하면 財福이 따르는 필시 좋아지는 현상을 目睹하게 됩니다.

月柱, 壬午는 印綬가 胎地에 앉은 것인데 胎는 孕胎에 불과한 것으로 아직 形態를 갖춘 게 아닙니다. 印綬 胎地는 보통 어머니의 희생으로 어렵게 학문을 하는 경우가 많습니다. 보통 자신의 職業에 만족하지 못하지만 대개 敎育界로 진출하여 自足한다 했습니다.

年柱, 庚子는 官星이 死地에 앉아 坤命의 남편은 차라리 無力해야 生死離別의 禍厄을 免하고 偕老를 기대할 수 있습니다.

時柱, 丙戌은 食傷이 墓地에 앉은 것인데 墓는 무덤 속에 갇힌 답답한 상황으로 懷才不遇한 현상으로 나타나기 쉽습니다. 食傷이 庫地에 있으면 坤命은 대개 아들을 두기 어렵고, 있어도 病弱하여 키우기가 어렵습니다. 한편 時干 丙火

는 月支에서 旺地를 보아 두뇌가 明晳하고 이론에 밝으며 크게 成功하는 자식을 보게 됨을 암시합니다.

胞胎로 運을 살필 때는 주로 流年, 歲月에 비중을 두고 보는 것이 타당합니다.

庚子生이 甲申年과 乙酉年에는 比劫이 絶地에 앉아 無로 돌아가는 상태와 같아 매사 시작은 있으나 끝을 보지 못하는 有始無終의 결과를 보기 쉽습니다. 丙戌年은 墓庫로 이것은 마치 '金庫 안으로, 倉庫 안으로, 監獄 안으로', 그리고 病院에 입원하는 것과 같으니 門이 열리지 않으면 빛을 볼 수 없고, 밖으로 나올 수도 없습니다. 보통 庫地는 刑沖으로 열 때 沖出로 衰者를 얻고, 旺者는 잃게 되는데 庚子生의 丙戌은 刑沖될 때 丙을 잃고, 丁은 月干의 壬水와 合去되므로 대개 失의 결과로 나타나기 쉽습니다. 丁亥年은 食傷 胎地로 墓地의 국면에서는 벗어나지만 아직은 運에서 특별한 진전을 기대하기 어렵습니다. 戊子年은 財星의 胎地로 끊어졌던 財運의 復歸 상황을 암시하고, 己丑年은 財庫로 損財數가 있습니다.

十二運星을 사람의 一生에 비유해서 同柱의 十干 六神을 地支의 '胎, 養, 生, 浴, 帶, 祿, 旺, 衰, 病, 死, 墓, 胞' 열두 자리에 분배하여 정리하겠습니다.

1. 胎

丙子	丁亥	戊子	己丑	壬午	癸巳

胎는 孕胎(pregnancy)한 상태와 같아 아직은 온전한 形態를 갖춘 게 아니므로 運에서 특별한 진전이 없습니다. 즉 企劃하고 준비하는 단계로 成就를 논하기는 어렵습니다. 日元이 胎宮을 보면 대개 賢夫賢妻와 인연을 맺기 쉽습니다. 남

자는 家父長的(가부장적)인 태도를 나타내지만 아내를 사랑할 줄 알고, 여자는 財政的(재정적)인 內助(내조)를 한다는 뜻입니다.

比(비)가 胎地(태지)에 坐(좌)하면,

兄弟姉妹(형제자매)의 友愛(우애)가 있는 편으로 大小事(대소사)를 함께 의논합니다.

食(식)이 胎地(태지)에 坐(좌)하면,

일찍이 社會(사회)로 나아갑니다.

坤命(곤명)은 자식과 이별하거나 자식이 病弱(병약)하기 쉽습니다.

財(재)가 胎地(태지)에 坐(좌)하면,

財運(재운)이 마르지 않습니다.

아버지의 援助(원조)가 있습니다.

乾命(건명)은 대개 일찍 결혼하고 社會(사회) 진출이 순조로운 편입니다.

官(관)이 胎地(태지)에 坐(좌)하면,

활동적인 사람이 많고 福(복)은 중년 이후에 옵니다.

坤命(곤명)도 社會活動(사회활동)을 하는 경우가 많습니다.

乾命(건명)은 病弱(병약)한 자식을 두기 쉽고, 혹 巫病(무병)이 오는 수가 있습니다.

印(인)이 胎地(태지)에 坐(좌)하면,

여러 學文(학문)을 접하기 쉽습니다.

敎育界(교육계)로 진출하면 만족합니다.

하나의 職業(직업)으로 만족하지 못하고 兼業(겸업)하는 경우가 많습니다.

2. 養(양)

甲戌	乙未	庚辰	辛丑

養은 母胎 속의 胎兒(fetus)와 같으니 어미의 保護를 받으며 자라고 있는 상태를 말합니다. 日元이 養宮에 있으면 性情이 온순하고 낙천적이나 어려움에 부딪히면 좌절하는 경향이 있습니다. 한 마디로 다른 사람의 도움이 있어야 發展한다는 것입니다. 甲戌과 乙未 日柱는 夫婦 琴瑟이 좋고 相扶相助하는 경우가 많으며 庚辰과 辛丑 日柱는 다른 사람 손에서 자라기 쉽고 夫婦의 緣이 薄한 편입니다.

比가 養地에 坐하면,

어머니의 품에서 養育되기 어렵고 兄弟 중에 養子로 가는 경우가 있습니다.

食이 養地에 坐하면,

坤命은 자식을 친정이나 시댁에 맡기는 경우가 많고 혹 養子로 보내는 수가 있습니다.

財가 養地에 坐하면,

아버지가 養子로 갔거나 乾命은 養女로 간 아내를 맞이할 수 있습니다.

官이 養地에 坐하면,

주기적으로 職場의 변화를 겪기 쉽습니다.

乾命은 자식을 養子로 보내는 수가 있고 자식의 家出을 보게 됩니다.

坤命은 남편이 養子로 갔거나 조상이 養子로 간 집안의 후손입니다.

印이 養地에 坐하면,

어머니가 養女로 갔거나 타인의 손에서 자라난 경우입니다.

學業이 중단되기 쉽습니다.

3. 生

丙寅	丁酉	戊寅	己酉	壬申	癸酉

生은 주변의 祝賀 속에 誕生(birth)하는 것과 같아 吉星이 틀림없으나 產苦를 동반하여 다소의 어려움을 겪고 좋아지는 국면으로 향합니다. 丙寅과 壬申이 氣勢는 旺하고 나머지는 조금 덜합니다. 日元이 生宮에 있으면 心身이 건강하고 發福의 기운이 서리며 六親과 貴人의 도움으로 亨通하는 경우가 많습니다.

比가 生地에 坐하면,

兄弟姉妹가 모두 成功하는데 年月柱에 해당하면 일찍 피어나고, 時柱면 만년에 꽃을 피웁니다.

食이 生地에 坐하면,

대개 長壽하고 進路가 무난하게 펼쳐지는 格입니다.

坤命은 자식이 出世합니다.

財가 生地에 坐하면,

富貴를 약속받는 것과 다름이 없으며 대개 食傷運에 發福합니다.

官이 生地에 坐하면,

年月柱에 해당하면 名文家의 후손으로 일찍 官途로 나아갑니다.

坤命은 훌륭한 배우자를 만나 좋은 內助를 합니다.

乾命은 官祿이 높아지고 顯出한 자식을 두게 됩니다.

印이 生地에 坐하면,

年月柱에 해당하면 일찍 꽃을 피우고, 時柱에서 보면 만년에 빛을 봅니다.

文章과 藝術 계통에 재능을 드러냅니다.

母子 간에 애정이 두텁습니다.

4. 浴

甲子	乙巳	庚午	辛亥

浴은 태어난 직후 沐浴(bathe)을 하는 상황으로 이것은 아기의 의사와 관계없이 이루어지는 일입니다. 즉 고통스럽게 느껴지겠지만 끝난 후에는 개운합니다. 다만 아기의 입장에서는 고통의 느낌이 무거운 것으로 吉凶이 반복해서 나타나는 가운데 순탄치 않은 형국이라 하겠습니다. 日元이 浴宮을 보면 夫婦의 因緣이 바뀌기 쉽고, 主居를 자주 옮기는 등의 屈曲이 있습니다. 色情 면에서는 甲子 沐浴이 가장 강렬합니다.

比가 浴地에 坐하면,

兄弟姉妹의 성격이 활달하고 逆境을 잘 극복하지만 職業을 자주 바꾸는 경향이 있습니다.

食이 浴地에 坐하면,

보통 異性에 일찍 눈을 뜨고 한 사람과 오래 가지 않습니다.

美食家로 口辯이 좋고 歌舞를 즐깁니다.

坤命은 자식의 外情을 보게 됩니다.

財가 浴地에 坐하면,

浪費가 심하고 損財가 따릅니다.

年月柱에 해당하면 乾命은 年上과 緣分을 맺기 쉽고 不倫에 빠집니다.

官이 浴地에 坐하면,

대체로 手腕家로 사교적이며 유능한 사람으로 評判이 납

니다.

年月柱에 해당하면 夫婦간에 離別數가 따릅니다.

乾命은 자식이 外道하는 바를 보게 됩니다.

坤命은 일찍 結婚하고 社會活動을 하게 되며 外情을 즐깁니다.

印이 浴地에 坐하면,

어머니는 美人으로 情에 약하며 社會活動을 합니다.

성적의 屈曲이 심하고 職場을 자주 옮기는 경향이 있습니다.

年月柱에 해당하면 어머니를 일찍 떠나기 쉽습니다.

時柱에 있으면 늦은 外道가 우려되고 坤命은 中年 이후에 職業戰線에 뛰어듭니다.

5. 帶(대)

丙辰	丁未	戊辰	己未	壬戌	癸丑

帶(대)는 沐浴(목욕)을 마친 후 衣冠(의관)(attire)을 갖추고 자세를 바로 한 상태를 말합니다. 그 모습이 깨끗하고 端正(단정)하니 종전의 고생은 사라지고 발전을 거듭하는 運氣(운기)를 상징합니다. 당장은 遲延(지연)되는 수가 있으나 목표를 포기하지 않으므로 필시 成果(성과)를 냅니다. 日元(일원)이 帶宮(대궁)에 있으면 建祿運(건록운)에 前途(전도)가 열리는 것을 실감하게 됩니다.

比(비)가 帶地(대지)에 坐(좌)하면,

兄弟(형제) 중에 公職者(공직자)가 있고 주변의 도움을 얻어 官祿(관록)을 구하게 됩니다.

壬戌(임술)이나 癸丑(계축) 冠帶(관대)를 보면 巫病(무병)을 앓거나 宗敎人(종교인)이 되는 兄弟姉妹(형제자매)가 있습니다.

食이 帶地에 坐하면,

두뇌가 明晳하고 이론에 밝습니다.

성품이 溫和하고 단정하며 벗을 가까이 해서 사람들이 많이 따릅니다.

年月柱에 해당하면 일찍이 福祿을 누리게 됩니다.

坤命은 자식이 잘 되고 衣食에 부족함이 없습니다.

財가 帶地에 坐하면,

夫婦의 因緣은 두텁지 않으므로 젊은 시절에는 孤獨을 면키 어렵고 晩婚하면 安定됩니다.

아버지가 官吏 출신인 경우가 많으며 乾命은 아내의 信仰이 깊습니다.

時柱에 해당하면 出世가 늦어지고 만년에 信仰에 歸依하는 경우가 많습니다.

官이 帶地에 坐하면,

高位職에 오르는 경우가 많습니다.

年月柱에 해당하면 父母兄弟가 公職과 인연이 깊습니다.

印이 帶地에 坐하면,

學業이 중단되거나 專功分野가 바뀌는 경우가 많습니다.

年月柱에 해당하면 어머니가 社會生活을 일찍 시작합니다.

時柱에 있으면 生業과 學文을 병행하는 사례가 많습니다.

6. 祿

甲寅	乙卯	庚申	辛酉

祿은 한 마디로 福祿(blessing)을 뜻하는 것이니 벼슬길에 올라 福祿을 쌓아가는 상태입니다. 이때는 모든 일이 잘 풀리고 자연 權勢를 누리게 됩니다. 日元이 祿宮에 있으면 專

祿格이 되고 時祿이면 歸祿格이라 땅 위에 福을 심은 것과 같습니다.

比가 祿地에 坐하면,

出仕하게 되고 兄弟姉妹 또한 官祿이 있습니다.

대인관계가 좋고 兄弟姉妹간 相扶相助합니다.

食이 祿地에 坐하면,

일생에 衣食住로 인한 困難이 없습니다.

財가 함께하면 富貴榮華가 따릅니다.

坤命은 出産하고 家門이 번창하며 出世하는 자식을 둡니다.

財가 祿地에 坐하면,

年月柱에 해당하면 富家 태생이며 妻家도 富裕합니다.

時柱에 해당하면 만년 蓄財합니다.

官이 祿地에 坐하면,

先代의 榮華가 後孫으로 이어지는 格입니다.

坤命은 權勢와 德望을 갖춘 남편을 만납니다.

乾命은 자식의 出世까지 보장받는다.

印이 祿地에 坐하면,

어머니의 學識이 높고, 藝體能 방면에서 크게 성공한 사람이 많습니다.

年月柱에 해당하면 學業이 우수합니다.

7. 旺

丙午	丁巳	戊午	己巳	壬子	癸亥

旺은 全盛期(heyday)로 탄탄대로를 疾走하는 최상의 運氣입니다. 크게 名利를 얻는 것인데 여타의 運星과 마찬가

지로 歲運에서 合되거나 刑沖되면 禍厄이 따를 것입니다. 財旺이 깨지면 損財나 妻와의 生死離別이 따를 것이고 坤命의 官旺이 깨지면 이 또한 마찬가지의 결과를 가져옵니다. 丙午는 正午의 太陽, 壬子는 夜深의 大海, 戊午는 廣大한 山野와 같습니다.

比가 旺地에 坐하면,

八字의 强弱에 따라 吉凶이 엇갈리는데 身弱하면 大吉합니다.

食이 旺地에 坐하면,

사람이 總名합니다.

梟의 剋害가 없다면 食神有氣勝財官이라, 富貴를 이룹니다.

財가 旺地에 坐하면,

年月柱에 해당하면 富家 출신입니다.

實業을 일구어 畜財합니다.

命中 食傷을 본다면 가히 天福이라 할 만합니다.

乾命은 良妻를 둡니다.

財旺한 小兒가 貧家에서 출생하면 아버지나 兄弟 중에 잃는 六親이 있습니다.

官이 旺地에 坐하면,

年月柱에 해당하면 名文家의 子孫으로 祖上의 德이 두텁습니다.

坤命은 賢父를 두고 出世시킵니다.

印이 旺地에 坐하면,

秀才라는 소리를 들으며 八方에 두각을 드러내고 名利가 진동합니다.

어머니의 知性이 높습니다.

8. 衰

甲辰	乙丑	庚戌	辛未

衰는 物極必反(decline)하는 때로 기우는 運勢를 말함이니 이때 새로운 일에 손을 대면 途中下車하거나 苦戰하게 됩니다.

比가 衰地에 坐하면,

兄弟姉妹 중에 封神하는 사람이나 필경 屈曲이 심한 同氣가 있습니다.

食이 衰地에 坐하면,

성급하고 輕率하기 쉬우며 理論이 정연하지 않습니다.

坤命은 일찍 成功하는 자식을 둡니다.

財(재)가 衰地(쇠지)에 坐(좌)하면,

先富後貧(선부후빈)하기 쉽습니다.

乾命(건명)은 일찍 착한 아내를 만나지만 病弱(병약)하기 쉽습니다.

官(관)이 衰地(쇠지)에 坐(좌)하면,

官運(관운)이 일찍 열리나 오래가지 않습니다.

坤命(곤명)은 內助(내조)에 충실해도 남편이 不成(불성)입니다.

印(인)이 衰地(쇠지)에 坐(좌)하면,

쉽게 흥분하는 편이나 內心(내심)은 여리고 착합니다.

어머니는 어질고 敎養(교양)이 있습니다.

9. 病(병)

丙申	丁卯	戊申	己卯	壬寅	癸酉

病은 몸이 늙어 病患(disease)에 걸린 상태를 의미합니다. 정상적인 기능을 기대할 수 없으며 感傷的이고 悲觀的일 때가 더러 있습니다. 陽日干의 驛馬 病地는 부지런하고 긍정적이며 社交的인 기질로 드러나기 쉽습니다. 대개 다양한 社會活動의 변화와 移徙, 海外旅行이나 居住, 家出 등의 현상으로 나타납니다.

比가 病地에 坐하면,

兄弟姉妹의 職業에 변화가 많고 手段이 좋아 앞서가는 경우가 많습니다.

年月柱에 해당하면 兄弟들이 일찍 발전하고 時柱에 있으면 만년에 發福합니다.

食이 病地에 坐하면,

자주 체하거나 胃腸 질환으로 苦生하기 쉽습니다.

坤命(곤명)의 자식은 職業(직업)의 변화가 많습니다.

財(재)가 病地(병지)에 坐(좌)하면,

財物(재물)의 出入(출입)이 빈번하게 일어납니다.

乾命(건명)은 아버지와 아내의 負債(부채)로 스트레스를 받기 쉽습니다.

早婚(조혼)하면 아내가 病弱(병약)하거나 浪費(낭비)가 심하므로 晩婚(만혼)이 유리합니다.

官(관)이 病地(병지)에 坐(좌)하면,

대개 組織(조직)에서 인정받으며 明郞(명랑)하고 社交(사교)에 밝아 出張(출장)이나 派遣(파견)되는 경우가 많습니다.

乾命(건명)은 자식을 두고 職場(직장)이 변경됩니다.

印(인)이 病地(병지)에 坐(좌)하면,

轉學(전학), 學業中斷(학업중단), 專攻變更(전공변경) 등의 변화가 나타납니다.

다방면에서 素質과 才能을 드러내나 한 분야에 오래 머물지 않습니다.

10. 死

甲午	乙亥	庚子	辛巳

死는 제 기능이 정지되어 死亡(death)에 이른 국면을 뜻합니다. 萬事가 凍結되어 더 이상은 어떤 成就도 어렵다는 말인데 이 運에 이르면 六親과 財物을 잃게 됩니다. 死地의 沖은 浴의 자리니 沖運에는 殮襲의 物象이 포착됩니다. 日元이 死宮에 있으면 木氣와 金氣가 소진되어 나타나는 病象이 있습니다.

比가 死地에 坐하면,

卒亡한 兄弟가 있기 쉽고 運에서 死地가 겹치면 兄弟宮

에 근심이 서립니다.

食이 死地에 坐하면,

坤命은 자식에게 禍厄이 따르고 아들을 다 키워서 잃을 수 있습니다.

財가 死地에 坐하면,

年月柱에 해당하면 아버지를 일찍 잃거나 父子간 疎遠합니다.

乾命은 結婚 후에 損財나 妻와 離別하기 쉬우며 再婚해도 대개 病弱한 아내를 둡니다.

官이 死地에 坐하면,

乾命은 자식을 없거나 잃을 수 있으며 時柱에 해당하면 만년에 아픔이 있습니다.

坤命은 대개 남편이 無力하며 偕老가 어려운데 八字에 財

가 있으면 救濟됩니다.

印이 死地에 坐하면,

어머니와 相剋되어 일찍 돌아가실 수 있고 臨終을 지킵니다.

時柱에 있으면 고비를 넘기고 發福하는 格입니다.

11. 墓

丙戌	丁丑	戊戌	己丑	壬辰	癸未

墓는 무덤(burying) 속안의 답답한 형국을 의미합니다. 이 때는 어둠 그 자체로 每事不成입니다. 大事를 도모하는 것은 옳지 못하며 아무리 才氣가 뛰어난들 發揮하지 못합니다. 庫를 刑沖하면 드러난 干의 六神은 잠겨 잃게 되고, 숨겨진 藏干의 六神은 沖出되어 드러납니다. 合化되면 得이 되지

만, 合去되면 失이고 庫의 器物도 파손되므로 入庫物이 傷害를 입게 되고 生死離別이 따릅니다. 丁丑 日柱는 신경성 胃腸 疾患을 겪기 쉽고, 己丑 日柱의 坤命은 胃脾가 濕하며 生理痛이나 腹痛이 따를 때가 많습니다.

比가 庫地에 坐하면,

兄弟姉妹와 相剋이 되어 爭鬪, 疾病, 傷害, 離別 등의 현상으로 나타납니다.

대개 腎臟과 膀胱이 허약하기 쉽고, 手足과 허리 등에 痛症이 있습니다.

만년에 본인은 물론 兄弟姉妹가 發福하는 현상을 보게 됩니다.

食이 庫地에 坐하면,

坤命은 아들이 없거나 病弱해서 키우기 어렵습니다.

食庫가 刑沖되면 자식의 家出이나 본인이 禍를 당할 때가 많습니다.

財가 庫地에 坐하면,

離鄕 및 偏母膝下에서 성장하는 경우가 많습니다.

乾命은 結婚 후에 損財, 疾病, 妻와 生死離別하기 쉽습니다.

坤命은 結婚 후에 아버지와 生死離別합니다.

官이 庫地에 坐하면,

乾命은 父子相剋, 坤命은 男便相剋을 실감하게 되는데 대개 移徙나 改築, 建築 등과 맞물려 六親의 分離 현상이 나타납니다.

印이 庫地에 坐하면,

어머니와 일찍 헤어지고 學業이 중단되기 쉬우며 轉學이

잦습니다.

印綬가 財庫에 坐하면 父母의 다툼이 끊이지 않고 한분을 일찍 잃을 수가 있습니다.

時柱에 해당하면 만년에 學文하고 才氣를 꽃피웁니다.

12. 胞

甲申	乙酉	庚寅	辛卯

胞는 絶地(separation)로 줄이 끊어진 것과 같으니 완벽하게 無로 돌아간 상태입니다. 이것은 대개 有始無終의 상황으로 나타납니다. 이때는 새로운 生命의 기운이 움틀 때까지 기다려야만 합니다. 忍耐로 때를 기다리면 필경 새싹이 돋아나는 것을 보게 됩니다. 甲申과 乙酉 日柱는 浪費나 損財를 夫婦간 갈등을 피하기 어려우며 手足과 허리에 傷害를 입기 쉽고 頭痛이 따릅니다. 年月柱에 해당하면 兄弟가 그러합니

다. 특히 絶地를 살필 때는 六親星 뿐만 아니라 六親宮도 감안해서 판단할 필요가 있습니다.

比가 絶地에 坐하면,

夭絶하는 兄弟姉妹가 있습니다.

이것은 月柱(兄弟宮)가 絶地에 해당할 때도 마찬가지로 刑沖運에 分離 현상을 보게 됩니다.

甲申, 乙酉絶이 八字에 水가 없으면 關節炎이나 骨多孔症을 조심해야 합니다.

食이 絶地에 坐하면,

坤命은 본인과 자식이 矮小한 경우가 많으며 자식과 離別할 때가 많습니다.

대개 中年 이후 發福하고 만년에 자식이 出世합니다.

財가 絶地에 坐하면,

年月柱에 해당하면 아버지와 일찍이 生死離別하는 경우가 많습니다.

財物은 많이 얻고 많이 잃는 우여곡절이 따릅니다.

乾命은 대체로 財福이 따르는 편이나 妻로 인한 損財가 있습니다.

官이 絕地에 坐하면,

坤命은 離婚의 가능성이 높습니다.

肝 계통의 疾患이 있습니다.

印이 絕地에 坐하면,

火 日干의 甲申, 乙酉 絕地는 父母 사이를 가르는 不孝를 암시합니다.

時柱에 해당하면 만년에 큰 고비를 겪습니다.

胞胎運法

大運의 胞胎는 八字 元命에서 同柱를 위주로 살피는 법과 별반 차이가 없습니다. 반면 歲月에서 胞胎를 運用하는 법은 약간 특별한 면이 있습니다. 보통 胞胎運은 한해의 成敗와 得失을 헤아리기 이전에 최초의 物象으로 의미를 갖는데 이때 비단 流年의 干支 胞胎 뿐만 아니라, 八字의 각 天干 六神을 運支의 運星에 비추어 전반적인 향후 상황을 추리하는 근거로 삼기도 하는 것입니다. 이를테면

食傷	日元	印綬	官星
丙	乙	壬	庚
戌	亥	午	子
丙墓	乙死	壬胎	庚死

庚子生이 戊子年을 맞이하면,

財星
戊
子
戊胎

일차적으로 財胎運에 해당하여 財政의 출입이 빈번하게 일어날 것입니다. 다음으로 壬水가 子水를 보아 印旺으로 學文이나 文書상의 성취를 보게 될 터이고 庚金, 官은 死地運에 무력해질 것이며 丙火 食傷은 胎地運으로 새로운 進路을 여는 시도가 나타나기 쉽습니다. 이러한 갖가지 현상이 여러 經路를 거쳐 어떤 결론에 다다르는 成敗와 得失의 歸着은 扶抑에서 비롯되어 空亡과 刑沖會合의 反轉을 거쳐 정리됩니다.

독자들이 八字術 실제에서 胞胎를 순식간에 적용하고 현상을 살피려면 甲子를 同柱별 運星과 함께 熟知하는 게 좋습니다.

▶ 甲子運星(갑자운성)

甲子(갑자) 浴(욕)	乙丑(을축) 衰(쇠)	丙寅(병인) 生(생)	丁卯(정묘) 病(병)	戊辰(무진) 帶(대)	己巳(기사) 旺(왕)	庚午(경오) 浴(욕)	辛未(신미) 衰(쇠)	壬申(임신) 生(생)	癸酉(계유) 病(병)
甲戌(갑술) 養(양)	乙亥(을해) 死(사)	丙子(병자) 胎(태)	丁丑(정축) 墓(묘)	戊寅(무인) 生(생)	己卯(기묘) 病(병)	庚辰(경진) 養(양)	辛巳(신사) 死(사)	壬午(임오) 胎(태)	癸未(계미) 墓(묘)
甲申(갑신) 絶(절)	乙酉(을유) 絶(절)	丙戌(병술) 墓(묘)	丁亥(정해) 胎(태)	戊子(무자) 胎(태)	己丑(기축) 墓(묘)	庚寅(경인) 絶(절)	辛卯(신묘) 絶(절)	壬辰(임진) 墓(묘)	癸巳(계사) 胎(태)
甲午(갑오) 死(사)	乙未(을미) 養(양)	丙申(병신) 病(병)	丁酉(정유) 生(생)	戊戌(무술) 墓(묘)	己亥(기해) 胎(태)	庚子(경자) 死(사)	辛丑(신축) 養(양)	壬寅(임인) 病(병)	癸卯(계묘) 生(생)
甲辰(갑진) 衰(쇠)	乙巳(을사) 浴(욕)	丙午(병오) 旺(왕)	丁未(정미) 帶(대)	戊申(무신) 病(병)	己酉(기유) 生(생)	庚戌(경술) 衰(쇠)	辛亥(신해) 浴(욕)	壬子(임자) 旺(왕)	癸丑(계축) 帶(대)
甲寅(갑인) 祿(록)	乙卯(을묘) 祿(록)	丙辰(병진) 帶(대)	丁巳(정사) 旺(왕)	戊午(무오) 旺(왕)	己未(기미) 帶(대)	庚申(경신) 祿(록)	辛酉(신유) 祿(록)	壬戌(임술) 帶(대)	癸亥(계해) 旺(왕)

부 록 격 국 특 집
附錄 - 格局特輯

'滴天髓스펙트럼 I' 발췌

간 지 론
干支論

형 상 론
形象論

방 국 론
方局論

격 국 론
格局論

종 화 론
從化論

세 운 론
歲運論

干支論[간지론]

☝ Original

양순음역 기리고수 양생음사 기론물집
陽順陰逆, 其理固殊, 陽生陰死, 其論勿執.

천전일기 불가사지도막지재 지전삼물 불가사천도막지복
天全一氣, 不可使地道莫之載, 地全三物, 不可使天道莫之覆.

양승양위양기창 최요행정안돈 음승음위음기성 환순도로광형
陽乘陽位陽氣昌, 最要行程安頓, 陰乘陰位陰氣盛, 還順道路光亨.

지생천자 천쇠파충 천합지자 지쇠희정
地生天者, 天衰怕沖, 天合地者, 地衰喜靜.

갑신무인 시위살인상생 기미계축 역시살인양왕
甲申戊寅, 是爲殺印相生, 己未癸丑, 亦是殺印兩旺.

상하귀호정합 좌우귀호지동
上下貴乎情合, 左右貴乎志同.

시기소시 종기소종 부귀복수 영호무궁
始其所始, 終其所終, 富貴福壽, 永乎無窮.

✌ COMMENT

양순음역(陽順陰逆)의 이치는 확고(確固)하고 특수(特殊)하지만, 양생음사(陽生陰死)에 집착(執着)하지는 말아야 한다.

천원일기(天元一氣)는 지지(地支)로 하여금 적재(積載)하지 않는 도(道)여서는 불가(不可)하며, 지전삼물(地全三物)은 천간(天干)으로 하여금 전복(顚覆)하지 않는 도(道)는 불가(不可)하다.

양승양위(陽乘陽位)로 양기(陽氣)가 창(昌)하면 운행(運行)하는 노정(路程)이 안돈(安頓)하기를 최요(最要)하고, 음승음위(陰乘陰位)로 음기(陰氣)가 성(盛)하면 광형(光亨)하는 운로(運路)를 순(順)하여 귀환(歸還)해야 한다.

지생천자(地生天者)에 천간(天干)이 쇠(衰)하면 충(沖)을 두려워하고, 천합지자(天合地者)에 지지(地支)가 쇠(衰)하면 정(靜)함을 기뻐한다.

甲申과 戊寅은 살인상생(殺印相生)이 되고, 己未와 癸丑 또한 살인양왕(殺印兩旺)이 된다.

상하(上下)가 정합(情合)하고 좌우(左右)가 지동(志同)이면 귀(貴)로다.

시작(始作)해야 할 곳에서 시(始)하고, 종료(終了)할 곳에서 종(終)하면 부귀복수(富貴福壽)가 영원(永遠)하고 무궁(無窮)하리라.

*Spectrum

陽順陰逆(양순음역), 其理固殊(기리고수), 陽生陰死(양생음사), 其論勿執(기론물집).

양(陽)은 순(順)하고, 음(陰)은 역(逆)하는 陽順陰逆(양순음역)의 설(說)은 낙서(洛書)에 근거한 이론으로 틀림이 없다. 그러나 양(陽)이 생(生)하는 곳에서 음(陰)이 사(死)하는 논리에만 집착(執着)한다면 곤란하다. '서락오'는 이를 두고 "음간(陰干)의 십이운성(十二運星)을 채용할 필요가 없다"고 결론지었는데, '적천수'는 다만 물집(勿執)을 논했을 뿐, 불요(不要)를 말한 게 아니다. 가령, 酉月 乙木이면 칠살격(七殺格)인데, 이때 칠살(七殺) 辛金이 투출(透出)하고 丁火 식신(食神)이 辛金을 제복(制伏)하면 살용식제(殺用食制)로 성격(成格)된다.

辛 乙 丁 □
□ □ 酉 □

그런데 이때의 격국(格局)은 일반 귀격(貴格)의 범주에 국한되지 않고, 최상의 격국(格局)으로 거론하기 쉽다. 월지(月支) 酉金은 辛金의 록지(祿地)인 동시에 丁火의 생궁(生宮)이 되므로 유력(有力)과 유정(有情)을 겸한 최상격(最上格)의 근거가 된다. 즉 丁火의 통근(通根) 여부 이전에 陽順陰逆(양순음역)에 따른 생기(生氣)로 격(格)의 고저(高低)를 분별하는 지침으로 삼은 것이니, 한마디로 음간(陰干)의 십이운성(十二運星)을 무시하는 관법이 바람직하지 않음을 알 수 있다. 다음으로 寅月 甲木의 경우를 살펴보자.

丁 甲 □ □
□ □ 寅 □

寅月 甲木이 丁火를 보면 목화통명(木火通明)의 귀(貴)를 이룬다. 陽生陰死(양생음사)에 따르면 寅月은 丁火의 사궁(死宮)이 되는데, 그렇다면 희신(喜神) 丁火가 무력(無力)하여 상대적으로 귀(貴)가 낮아지는 것일까. 그렇지 않다. 丁火는 월지(月支)에 통근(通根)하여 용신(用神)은 힘을 갖췄으므로 귀명(貴

命)으로 손색이 없다. 陽生陰死, 其論勿執이란 바로 이러한 경우를 말한다.

결론적으로 팔자(八字) 희신(喜神)의 유력(有力)과 무력(無力)을 논할 때는 기(氣)와 세(勢) 양면을 다 같이 고려해야 하는 것이다. 그리고 어느 것 하나라도 부합되면 무력(無力)을 논해서는 곤란하다. 이때 기(氣)는 다만 월궁(月宮)에만 주안하고, 세(勢)는 사지(四支)에 모두 적용되는 것이다.

天全一氣, 不可使地道莫之載, 地全三物, 不可使天道莫之覆.

보통 천복지재(天覆地載)란 동주(同柱)의 간지(干支)가 서로 상생(相生)하는 조합을 의미한다. 그러나 원시(原詩)가 말하는 天全一氣의 地載와 地全三物의 天覆은 다소 의미를 달리 한다. 천원일기(天元一氣)란 팔자(八字)의 천간(天干)이 모두 동일한 글자로 不可使地道莫之載란 통근(通根)하는 지지(地支)를 보지 못하면 천간(天干)의 청기(淸氣)를 용(用)할 수 없다는 뜻이다. 지전삼물(地全三物)이란 팔자(八字)에서 방국(方局)을 이룬 경우를 말하는데, 不可使天道莫之覆란 방국(方局)의 오행(五行) 천간(天干)의 글자가 투(透)해야만 진실된 용(用)의 역할을 수행함을 뜻한다. '임철초'는 이를 두고 방국(方局)의 기세를 거스르는 천간(天干) 글자의 불리함을 논했는데, 복(覆)은 순(順)의 개념이 아니므로 적절한 설명이라 할 수 없다. '임철초'의 견해는 방국론(方局論)의 成局干透一官星, 左邊右邊空碌碌에 부합되는 설명으로 간지론(干支論)의 원뜻과는 거리가 있다.

陽乘陽位陽氣昌, 最要行程安頓, 陰乘陰位陰氣盛, 還順道路光亨.

이 구절은 陽氣昌과 陰氣盛의 상황을 먼저 구분해야 한다. '임철초'는 양한(陽寒)과 양난(陽暖), 음한(陰寒)과 음난(陰暖)으로 구분하여 적합한 대운(大運)의 향방을 논하고 있는데 원시(原詩)의 安頓과 光亨의 대구(對句)를 감안할 때 핵심을 비껴나간 해설이다. 한편 '장요문'은 하월(夏月)의 火日과 동월(冬月)의 水日로 양기(陽氣)와 음기(陰氣)를 구분하고 하월(夏月)의 火는 북방운(北方運)을 동월(冬月)의 水는 남방운(南方運)을 필요로 하는 것으로 요약했다. 그러나 이 또한 安頓과 光亨의 의미를 살리지는 못한다. 만일 安頓 대신에 潤澤을 거론했다면 부합되는 설명이라 할 수 있을 것이다. 결론적으로 陽氣昌은 하월(夏月)의 木을 의미하며, 陰氣盛이란 동월(冬月)의 金을 뜻하는 것이다. 즉 양기(陽氣)와 음기(陰氣)는 木火와 金水로 대별되며, 목화상관(木火傷官)의 水를 기뻐하여 水木火의 상관패인(傷官佩印)으로 정렬되는 현상을 두고 安頓이라 한 것이다. 따라서 이 대목은 팔자(八字)와 대운(大運)과의 관계에서 음양(陰陽)의 조후위급(調喉危急)을 논한 것이다.

❐ 음양(陰陽) 조후위급(調喉危急)

陰陽	區分	調候		備考
陰氣盛	冬金	安頓	金水傷官喜見官	傷官用財不貴燥土不甚靈秀
陽氣昌	夏木	光亨	木火傷官喜見水	傷官用財小富不貴凍水不能生木

지생천자 천쇠파충 천합지자 지쇠희정
地生天者, 天衰怕沖, 天合地者, 地衰喜靜.

地生天者, 天衰怕沖이란 일간(日干)이 월령(月令)을 얻지 못하고, 신약(身弱)하여 인수(印綬)의 생조(生助)를 필요로 하는데, 지지(地支) 인수(印綬)가 충(沖)으로 파괴되면 생(生)의 기능이 끊어지므로 두렵다는 의미다. 天合地者, 地衰喜靜란 丁亥나 戊子와 같이 일간(日干)이 장간(藏干)과 암합(暗合)하는 경우로 반드시 재관(財官)과 짝이 되니 지지(地支)의 형충(刑沖)으로 재관(財官)의 기물(器物)이 상실되는 경우를 기피하는 바를 뜻한다.

갑신무인 시위살인상생 기미계축 역시살인양왕
甲申戊寅, 是爲殺印相生, 己未癸丑, 亦是殺印兩旺.

甲申, 戊寅은 장간(藏干)에 살(殺)과 인(印)이 있는데 인수(印綬)의 생궁(生宮)으로 살인상생(殺印相生)을 논한다. 己未, 癸丑 또한 장간(藏干)에 살인(殺印)이 있어 살인양왕(殺印兩旺)을 논할 수 있다. 이상의 글자를 바탕으로 이루어진 격(格)은 살격용인(殺格用印)으로 팔자(八字)의 장간(藏干) 인수(印綬)가 투(透)해야 직접 작용하여 길한 것이다. 특히 甲申이나 庚寅은 포태격(胞胎格)으로 일주(日主) 자체로도 격(格)을 이룬다. 일지(日支)가 십이운성(十二運星)의 절지(絶

地)에 좌(坐)하지만 그 장간(藏干) 속에 인수(印綬), 장생(長生)의 요소가 있으면 화살(化殺)하는 묘용(妙用)이 있어 이를 절처봉생(絶處逢生)이라 하고 귀하게 여겼다. 원통부(元通賦)에 이르길, 포태격(胞胎格)이 원명(元命)에 재(財)를 보지 않으면 어려서부터 왕(王)의 총애를 받는다고 했다. 이는 살인격(殺印格)이 재(財)로 인해 파격(破格)되는 논리와 같다. 세월(歲月)에서 申이 寅을 격사(擊射)하면 인수(印綬)를 잃어 수기(秀氣)가 상실될 위험이 있다. 여기에서 예시한 네 간지(干支) 조합은 앞 구절의 地生天者, 天衰怕沖을 재차 강조하기 위한 것이다.

上下貴乎情合, 左右貴乎志同.

팔자(八字)의 귀(貴)는 상하(上下) 간지(干支)가 유정(有情)하여 희신(喜神)을 돕고, 기신(忌神)을 억제하는 것과, 합(合)하여 서로 상부(相扶)하는 것에 달렸다. 좌우(左右)의 타주(他柱) 또한 같은 뜻을 지니면 자연 귀명(貴命)이 되는 것이다.

始其所始, 終其所終, 富貴福壽, 永乎無窮.

始는 팔자(八字)의 年月이고, 終은 日時가 된다. 예컨대 희신(喜神)이 재신(財神)일 경우 年月時에서 모두 식상(食傷)이나 재(財)를 보게 되면 始其所始, 終其所終을 논할 수 있고, 부귀(富貴) 수복(壽福)이 자연스럽게 따른다. 年月日時의 희기신(喜忌神) 분포 여부로 팔자(八字)의 부귀(富貴) 정도와 길흉(吉凶)의 선후(先後)를 가리는 방법은 원형이정법(元亨利貞法)의 일종이다.

❐ 근묘화실(根苗花實)과 원형이정(元亨利貞)

팔자(八字)의 원국(元局) 자체로 제한된 영역의 길흉변화(吉凶變化) 추이를 살피는 방법으로 근묘화실론(根苗花實論)과 원형이정법(元亨利貞法)을 들 수 있는데 다음과 같이 구분한다.

根苗花實論	祖父配子의 六親宮 喜忌를 추정하는 것과 같이 固定된 영역에서 吉凶이 정해 지는 추리 일반론
元亨利貞法	四時의 순환과 같이 사람의 성장기 별로 시간대를 구분하여 변화하는 吉凶 내용을 추리하는 방법

원형이정(元亨利貞)의 일례를 든다면, 가령 정관격(正官格)인데 천간(天干)에 재(財)와 상관(傷官)이 모두 출간(出干)했

다면 글자의 앞뒤 위치에 따라 길흉(吉凶)이 달라진다. 酉月 甲木에서 丁火 상관(傷官)이 앞에 있고, 戊土 재(財)가 뒤에 있다면 초년에는 귀(貴)할 수 없으나 만년에는 발복(發福)을 기대할 수 있다.

戊 甲 丁 □
□ □ 酉 □

이와 달리 戊土가 앞에 있고, 丁火가 뒤어 있다면 초년에는 좋지만, 만년에는 상관(傷官)의 작용으로 정관(正官)이 다치니 후사(後嗣)를 잇기 어려울 정도로 나쁠 것이다.

丁 甲 戊 □
□ □ 酉 □

이상은 생극선후(生剋先後)에 따라 길흉(吉凶)이 달라짐을 논한 것으로 富貴福壽(부귀복수), 永乎無窮(영호무궁)의 유형과는 거리가 먼 것이다.

形象論[형상론]

Original

양기합이성상 상불가파야
兩氣合而成象, 象不可破也.

오기취이성형 형불가해야
五氣聚而成形, 形不可害也.

독상희행화지 이화신요창
獨象喜行化地, 而化神要昌.

전상희행재지 이재신요왕
全象喜行財地, 而財神要旺.

형전자의손기유여 형결자의보기부족
形全者宜損其有餘, 形缺者宜補其不足.

COMMENT

양기(兩氣)가 조합(調合)하여 성상(成象)하면 상(象)을 파(破)해선 불가(不可)하다.

오기(五氣)를 취합(聚合)하여 성형(成形)되면 형(形)을 해(害)해선 불가(不可)하다.

독상(獨象)은 화지(化地)로 행(行)함을 기뻐하고, 화신(化神)이 창(昌)함을 요(要)한다.

전상(全象)은 재지(財地)로 행(行)함을 기뻐하고, 재신(財神)이 왕(旺)함을 요(要)한다.

형전(形全)하면 유여(有餘)함을 손(損)해야 마땅하고, 형결(形缺)하면 부족(不足)함을 보(補)해야 마땅하다.

*Spectrum

형상론(形象論) 편에서는 격국(格局) 전반의 희기(喜氣)를 다루고 있다. 원시(原詩)가 언급하는 팔자(八字)의 형상(形象) 또한 여러 가지 견해가 존재하나 다음의 다섯 가지로 구분하는 게 무난하다.

❐ 형상(形象) 구분

刑象	區分	類型
別格	兩氣合而成象	兩神成象相生, 兩神成象相剋
	五氣聚而成形	一行得氣 (曲直, 炎上, 稼穡, 從革, 潤下)
變格	獨象	從化(從旺, 從兒, 從財, 從殺, 化木, 化火, 化土, 化金, 化水)
正格	形全	內格으로 日干이 月令을 得한 것
	形缺	內格으로 日干이 月令을 失한 것

兩氣合而成象, 象不可破也.

양신성상격(兩神成象格)에는 상생(相生)과 상극(相剋)의 두 가지 유형이 있다. 상생(相生)의 양신성상(兩神成象)은 비식재운(比食財運)을 기뻐하고, 상(象)을 깨뜨리는 관인운(官印運)을 기피한다. 상극(相剋)의 양신성상(兩神成象)은 비겁(比劫)과 관살(官殺), 비겁(比劫)과 재(財)의 짝을 들 수 있다. 이때 통관지신(通關之神)이 되는 인수(印綬)와 식상(食傷)을 용(用)하려면 상반되는 오행(五行)의 세력(勢力)이 균형을 이루어야만 한다. 이외에는 일반 부억법(扶抑法)에 따라 처리하므로 파상(破象)을 피할 수 없다. 따라서 양신성상격(兩神成象格)은 상생(相生)의 양신성상(兩神成象)에 한정되어 논해야 자연스럽다. 비겁(比劫)과 관살(官殺)의 양신성상(兩神成象)은 신약격(身弱格), 비겁(比劫)과 재(財)의 양신성상(兩神成象)은 신강격(身強格)이 되어야만 통관용신(通關用神)의 묘(妙)를 살릴 수 있는데, 이미 신(身)의 강약(強弱)이 전제되는 측면에서는 별격(別格)의 의미를 잃는 것이다.

오 기 취 이 성 형 　 형 불 가 해 야
五氣聚而成形, 形不可害也.

팔자(八字)가 일행득기(一行得氣)로 성립되면 일행(一行)을 극(剋)하는 오행(五行)의 출현으로 온전한 모양을 해치는 것을 꺼리게 된다. 일행득기격(一行得氣格)이 온전하게 성립되려면 지지(地支)에 방국(方局)이 이루어져야 한다. 가령 卯月 乙木의 곡직격(曲直格)이 미운(未運)을 만나면 목국(木局)을 이루어 크게 발달한다.

독 상 희 행 화 지 　 이 화 신 요 창
獨象喜行化地, 而化神要昌.

독상(獨象)은 외격(外格) 일반을 의미하고, 화신(化神)이란 세력에 따르는 오행(五行)을 말한다. 여기서는 종화(從化)를 예로 들 수 있다. 종화격(從化格)은 종신(從神)이나 화신(化神)을 따르는 오행(五行)의 운(運)을 기뻐하고, 이를 거스르는 운(運)을 기피한다. 화신(化神)은 응당 지지(地支)의 방국(方局)으로 창성(昌盛)함을 필요로 한다. 가령 亥月 癸卯日에 甲乙木이 투(透)하여 종아(從兒)의 기세를 이루면 지지(地支) 미운(未運)에 목국(木局)을 이루어 크게 발달한다.

대운(大運)과 세월(歲月)의 희기(喜忌) 용법은 진종(眞從)과 가종(假從), 진화(眞化)와 가화(假化)에서 '같고, 다른' 점이 있다. 이 부분은 종화론(從化論)에서 자세히 설명하고 있다.

全象喜行財地, 而財神要旺.

전상(全象)은 내격(內格)으로 일간(日干)이 월령(月令)을 득(得)하여 대개 신왕(身旺)한 팔자(八字)를 말한다. 전상(全象)은 재신(財神)이 왕(旺)하여 격(格)을 이루는 게 좋다. 팔자(八字)의 희기(喜忌)를 불문하고, 사주(四柱)에 재(財)가 강하게 나타나면 비교적 높은 사회적 지위가 약속된다. 全象而財神要旺이란 이 같은 의미다. 다만, 전상(全象)이 재운(財運)을 기뻐하는 것은 모든 내격(內格)의 유형에 적용되지는 않으므로 가령 칠살(七殺)을 용(用)하는 격국(格局)이 재(財)를 보면 파격(破格)의 요인이 될 수도 있으므로 팔자(八字)

전체를 살펴 논해야 마땅할 것이다.

形全者宜損其有餘(형전자의손기유여), 形缺者宜補其不足(형결자의보기부족).

형전(形全)과 형결(形缺)은 일간(日干)의 월령(月令) 득실(得失) 여부로 구분한다. 가령 甲乙木이 寅卯月에 나면 형전(刑全)이 되어 목기(木氣)를 덜어야 한다. 이때는 대개 丙丁의 설기(洩氣)가 무난하고, 庚辛金의 극제(剋制)는 마땅치 않을 때가 있다. 따라서 설상방조(洩傷幫助)는 팔자(八字) 전체의 구성에 따라 가려 취해야 하는 것이다. 설상방조(洩傷幫助)의 기본적 취용(取用)에 대한 설명으로는 '임철초'의 해설이 자세하다. 가령 신강격(身强格)에 재관(財官)이 없으면 식상(食傷)의 설(洩)보다는 관(官)의 상(傷)이 이롭다는 식이다. 또 신약격(身弱格)에 재(財)가 중첩(重疊)되면 인수(印綬)의 조(助)가 해롭고, 비겁(比劫)의 방(幫)이 진정한 보(補)가 된다. 신약(身弱)에 관살(官殺)이 공신(攻身)하면 인수(印綬)로 화살(化殺)해야지, 비겁(比劫)으로 대적하면 흉하다고 했다. '임철초'는 일간(日干)과 월지(月支)의 관계로 형전(刑全)과 형결(刑缺)을 구분한 '진소암'의 견해를 반박하고 있다. 대신 신강(身强)과 신약(身弱)으로 형전(刑全)과 형결(刑缺)을 구분했는데, 앞 구절의 全象喜行財地(전상희행재지)하는 의미로 유추할 때

'진소암'의 견해가 타당하다. 원시(原詩)는 부억(扶抑)의 일반적 이치를 설명했을 뿐으로, 내격(內格)의 유형을 일간(日干) 대 월지(月支)와의 관계를 형전(形全)과 형결(形缺)로 구분한 것이다.

方局論[방국론]

Original

방시방혜국시국, 방요득방막혼국.
方是方兮局是局, 方要得方莫混局.

국혼방혜유순자, 행운희남혹희북.
局混方兮有純疵, 行運喜南或喜北.

약연방국일제래, 수시간두무반복.
若然方局一齊來, 須是干頭無反覆.

성방간투일원신, 생지고지개비복.
成方干透一元神, 生地庫地皆非福.

성국간투일관성, 좌변우변공록록.
成局干透一官星, 左邊右邊空碌碌.

COMMENT

방(方)은 방(方)이며 국(局)은 국(局)으로, 방(方)은 방(方)을 득(得)함을 요(要)하며 국(局)과 섞임이 없어야 한다.

국(局)에 방(方)이 섞이면 순(純)과 자(疵)가 있으므로, 행운(行運)이 남(南)을 기뻐하기도 하고, 혹은 북(北)을 기뻐하기도 한다.

만약 방(方)과 국(局)이 일제(一齊)히 왔다면, 모름지기 천간(天干)에 반복(反覆)됨이 없어야 한다.

방(方)을 이루고 하나의 원신(元神)이 간투(干透)하면, 생지(生地)와 고지(庫地)는 모두 복(福)이 아니다.

국(局)을 이루고 하나의 관성(官星)이 간투(干透)하면, 그것이 좌변(左邊)이나 우변(右邊)에 있건 간에 헛되고 녹록(碌碌)하다.

*Spectrum

方是方兮局是局, 方要得方莫混局.

방(方)은 방합(方合)을 의미하고, 국(局)은 삼합(三合)을 말한다. 방국(方局)은 합국(合局)과 섞이지 않아야 청기(淸氣)를 논한다. 그러나 방(方)과 국(局)이 섞여도 실상에서 귀격(貴格)은 얼마든지 찾아볼 수 있다. 그래서인지 '임철초'는 '적천수'가 방국(方局)에 대해서는 잘못 논한 것이 있다고 비판하는 입장을 취했다. 한편 '사주추명술오의'에서 '좌등육룡'

은 방국론(方局論)이 외격(外格)을 전제로 한다고 설명했다. 따라서 내격(內格)의 길흉(吉凶)에는 적용되지 않고, 오직 순수(純粹)함으로 귀(貴)를 논하는 외격(外格)에만 해당되는 논리라는 것이다. 이 같은 주장은 일면 타당하게 여겨진다. 이에 대한 설명은 다음 구절의 해설과 합하여 정리하겠다.

局混方兮有純疵, 行運喜南或喜北.

국(局)과 방(方)이 섞이면 기세(氣勢)의 순수(純粹)함에 흠이 생겨, 행운(行運)의 희기(喜忌)를 일괄적으로 단언할 수 없다. 局混方兮有純疵에 대해서는 여러 이견(異見)이 존재하는데, '임철초'는 이를 두고 "곡직격(曲直格)의 간지(干支)에 혹 火가 있어 수기(秀氣)을 발(發)할 경우에 운(運)이 남방(南方)을 향하면 명리(名利)가 여의하지만, 수운(水運)에는 흉한 재앙(災殃)을 만난다"고 역설하면서 行運喜南或喜北을 설명했다. 반면 局混方과 관계없이 팔자(八字) 전체가 木으로 순수(純粹)하면 水木火 운(運)을 다 같이 기뻐한다고 했다. 그러나 이것은 원시(原詩)가 말하는 純疵와는 다소 동떨어진 해설이다. '임철초'는 局混方이 純과 疵로 구분되는 상황을 염두에 두지 않고, 局混方을 곧 疵로만 이해했던 것이다. 局混方이란 일단 방합(方合)과 삼합(三合)을 이루는 글자들이 섞이는 것을 말하고, 이때 어느 한편으로 합국(合局)이 성립되면 純, 어느 쪽으로든 합국(合局)이 성립되지 않으면 疵가 되는 것이다.

❒ 국혼방(局混方)의 순자(純疵)

純疵	例示	註
純	戌午寅巳	寅午戌 火局을 이루어 純이다. '임철초'는 混局의 疵로 취한다
	亥卯寅辰	寅卯辰 木局을 이루어 純이다. '임철초'는 混局의 疵로 취한다
	未卯亥寅	亥卯未 木局을 이루어 純이다. '임철초'는 混局의 疵로 취하고, '장요문' 또한 寅亥 合으로 木氣를 약하게 해서 疵로 취한다
疵	寅戌巳午	合局을 짓지 못해 疵가 된다

'적천수천미'에서 '임철초'는 다음의 두 팔자(八字)를 예시하며 다 같이 混局되었으나 貴命이므로 원시(原詩)의 方要得方莫混局을 비판했다.

己 戊 丁 甲
未 辰 卯 寅

丁 乙 庚 丙
亥 卯 寅 辰

戊辰日은 명리쌍휘(名利雙輝)했고, 乙卯日은 대학자(大學者)가 되었으니 "방국(方局)은 섞이면 안 된다"는 이치는 통하지 않는다는 점을 역설했다. 그러나 실상 이상의 두 명례(命例)는 이미 방국(方局)을 이루어 순일(純一)함을 취한 것이다. 투파(透派)는 '진소암'의 견해에 동승하며 方要得方莫混局이 외격(外格)에만 통용되는 이치라고 강조했지만, 이 또한 정확한 설명은 되지 않는다. 다음은 '적천수천미'에 종왕격(從旺格)으로 예시한 팔자(八字)다.

癸 乙 乙 甲
未 卯 亥 寅

'스펙트럼'의 견해로 보면 이미 亥卯未 목국(木局)을 지어 순수(純粹)한 외격(外格)으로 귀(貴)를 논한다. '임철초'는 水木火가 다 이로운 명(命)으로 方要得方莫混局은 취할 게 못 된다는 점을 강조한다. 즉 混局의 疵라 해도 문제가 없다는 것이다. 투파(透派)는 차명(此命)을 寅亥 합(合)으로 인해 목기(木氣)가 약해진 純이 아닌 疵로 볼 것인데, 실상과는 부합되지 않는 설(說)이다.

이제 行運喜南或喜北의 진정한 의미를 설명하겠다. 외격(外格)의 귀(貴)는 기세(氣勢)의 순수(純粹)로 논한다고 했다. '적천수'가 말하는 方要得方莫混局이란 混局 자체가 문제가 되는 것이 아니라, 局混方이 純이 疵일 때를 이른 것이다. 가령 일행득기격(一行得氣格)의 팔자(八字)에 이미 방국(方局)이나 합국(合局)이 성립되면 純이 되어 귀격(貴格)을 이루며, 육합(六合)이나 반합(半合)이 국(局)을 해소하지 못한다. 만일 疵라면 方要得方莫混局으로 귀(貴)를 논할 수 없고, 대운(大運)의 희기(喜忌)는 일반 내격(內格)과 거의 동일하게 취하므로 향방(向方)의 희기(喜忌)가 원국(元局)에서 정해지지 않게 된다. 바로 이를 두고 行運喜南或喜北이라 한 것이다. 반면 세월(歲月)의 희기(喜氣)는 왕신(旺神)에 순응하는 오행운(五行運)을 기뻐하므로 일괄적인 희기(喜忌) 구분이 가능하다. 이상은 모두 체용(體用) 분할의 정밀한 법칙에 따른 내용으로, 종래의 선학(先學)들은 체용(體用) 구분을 올바로 간(看)하지 못했던 것이다.

❒ 순자(純疵)의 행운(行運) 희기(喜忌)

純疵	八字 型	大運 喜忌	歲月 喜忌
純	□丙□□ 戊午寅巳	木火土 運을 기뻐하고, 金水 西北向을 꺼린다	木火土 - 喜 金水 - 忌
疵	□丙□□ 寅戌巳午	運支의 合局運을 기뻐하고, 이외는 일반 內格과 마찬가지로 用法을 취한다	木火土 - 喜 金水 - 忌

若然方局一齊來, 須是干頭無反覆.

反覆이란 방국(方局)의 반대되는 오행(五行)으로 예컨대 목국(木局)에 庚辛, 화국(火局)에 壬癸 등이 투(透)한 것을 말한다. 방국(方局)이 같이 오면 그 기세(氣勢)가 심히 왕성하므로 천간(天干)은 그 기세에 순응해야 마땅하다는 뜻이다. 가령 지지(地支)가 寅卯辰이고, 일간(日干)이 木인데 재차 亥의 생(生)이 있다면 천간(天干)에 土金이 없고 火가 있어야 干頭無反覆이 되어 수기(秀氣)가 빼어나게 된다.

成方干透一元神, 生地庫地皆非福.

成方干透一元神이란 이미 팔자(八字)에 국(局)을 이루고 국(局)과 동일한 오행(五行)의 글자가 출간(出干)한 것으로 기세(氣勢)의 순수(純粹)한 귀격(貴格)이 된다. 이때 生地庫地는 非福으로 이는 불리하다는 의미보다는 특별한 영향을 미치지 못하는 것으로 이해하는 게 무난하다. 가령 지지(地支) 寅卯辰을 모두 구비한 甲乙木의 팔자(八字)에 亥나 未가 불리한 작용을 할리 만무하다. 그런데 '진소암'은 決不發福, 惟有純一火運略好라 했는데 이는 다분히 方要得方莫混局을 주안삼아 한 설명에 지나지 않는다. 이 대목은 '임철초'의 生地庫地, 亦能發福한다는 설(卨)이 실제와 부합한다. '좌등육

룡'의 '사주추명술오의'에는 원시(原詩)에 生地庫地皆爲福으로 옮겨져 있는데, '임철초'의 견해와 맥락을 같이 한다.

成局干透一官星, 左邊右邊空碌碌.

합국(合局)을 이룬 팔자(八字)에 합국오행(合局五行)을 극(剋)하는 오행(五行)의 천간(天干)이 출간(出干)하면, 내격(內格)과 외격(外格)을 막론하고 그것이 어느 자리에 있든 일체가 공허한 것이 될 만큼 흉(凶)한 작용을 하기 쉽다. 空碌碌이란 '헛되고, 부질없다'는 뜻인데 그만큼 불리한 작용을 암시하는 구조임을 시사한다. 단 이때 투간(透干)은 글자가 지지(地支)에 전혀 무기(無氣)한 경우에 한한다. 다음은 '조화원약평주'에서 인용한 팔자(八字)로 비록 수재(秀才)였지만, 가난한 선비에 그친 명(命)이다.

庚 乙 乙 癸
辰 未 卯 亥

庚金으로 곡직(曲直)의 순수함이 훼손되어 成局干透一官星, 左邊右邊空碌碌이 된 셈이다.

格局論[격국론]

Original

재관인수분편정　겸론식상격국정
財官印綬分偏正, 兼論食傷格局定.

영향요계기위허　잡기재관불가구
影響遙繫既爲虛, 雜氣財官不可拘.

*官殺

관살상혼래문아　유가유불가
官殺相混來問我, 有可有不可.

*傷官

상관견관과난변　가견불가견
傷官見官果難辨, 可見不可見.

COMMENT

재성(財星), 관성(官星) 인성(印星)은 정편(正偏)으로 나누어 격국(格局)을 정하고 아울러 식신(食神), 상관(傷官)으로 내격(內格)의 여덟 가지 격국(格局)이 정해진다.

영향(影響)과 요계(搖繫)는 이미 격(格)을 정하는 것과는 무관하며 또한 잡기재관(雜氣財官)과 같은 것에는 구애(拘礙) 되지 말아야 한다.

관살혼잡(官殺混雜)의 명(命)을 물어 온다면 좋은 것도 있고 나쁜 것도 있다고 말할 수 있다.

상관견관(傷官見官)은 과연 분별하기 어려운 바, 관(官)을 봐서 좋을 때도 있고 그렇지 않을 때도 있다.

*Spectrum

재관인수분편정 겸론식상격국정

財官印綬分偏正, 兼論食傷格局定.

'적천수'식으로 내격(內格)을 팔격(八格)으로 나누어 정하는 방법은 대세(大勢)가 되었다고 볼 수 있다. 격(格)을 정하는 원칙으로는 다음의 '진소암' 설(說)이 무난하다.

·"격(格)이 참된 것은 월지(月支)의 장간(藏干)이 천간(天

干)에 투출(透出)한 것이다. 천간(天干)에 있는 것이 월지(月支)에 뿌리를 내리지 않았다면 격(格)을 이루었다고 할 수 없다. '정관(正官), 편관(偏官), 정재(正財), 편재(偏財), 식신(食神), 상관(傷官), 인수(印綬), 편인(偏印)'의 정격(正格) 팔격(八格) 이 외에, 월지(月支)가 건록(建祿)이나 양인(陽刃)이면 정격(正格)이 아니다. 곡직격(曲直格), 종혁격(從革格), 염상격(炎上格), 가색격(稼穡格), 윤하격(潤下格) 등의 다섯 가지 격(格)은 방국(方局)과 기상(氣象)으로 정한 것이니 정격(正格)이 아니다. 그 밖의 비천록마격(飛天祿馬格)이나 합록격(合祿格)과 같은 잡격(雜格)이 있는데, 암충암합(暗沖暗合) 등으로 정해지는 격(格)의 유형은 격국(格局)이라고 하기에 무리가 있다. 사시(四時)에 태어난 경우는 잡기재관격(雜氣財官)으로 논하지 말고 土를 취하여 일간(日干)과의 관계를 살펴 격(格)으로 삼으면 그만이다. 이때도 마찬가지로 장간(藏干)의 투출(透出) 여부를 가려 격(格)을 정하면 되므로 굳이 잡기(雜氣)라는 이름을 붙일 필요는 없다. 월지(月支)가 비견(比肩)이나 겁재(劫財)면 월지(月支)의 장간(藏干)이 천간(天干)에 투출(透出)하면 그것의 육신(六神)으로 격(格)을 잡는다. 무릇 용신(用神)을 정할 때는 팔자의 대세(大勢)을 따져 판단해야지, 격(格)에 집착해서는 안 될 것이다."

✍ Note

'적천수'의 격국론(格局論)은 육신(六神)을 각기 분할한 원론적 설명에 지나지 않고, '자평진전'의 격국(格局) 구분에 비해 덜 체계적이라 할 수 있다. 무릇 격국(格局)의 성패(成敗)를 한눈에 파악하기 위해서는 '자평진전'의 용신론(用神論) 학습이 선행되어야 마땅하다. 그리고 '적천수'의 격국론(格局論)은 논지가 간결하여 오인될 수 있는 여지를 남기므로, 격(格)을 세우는 기본 법칙에서 '자평진전'의 틀을 유지하지 않으면 팔자학(八字學)의 학문적 원칙이 서지 않고 종내 학문이 난삽(難澁)해질 우려가 있다. 더욱이 '월령론(月令論)'에 이르면 이미 폐기된 분일용사법(分日用事法)으로 격(格)을 정하는 우(愚)를 범할 가능성이 높아진다. 먼저 내격(內格)의 격국(格局)을 정하는 원칙을 살피고, 다음으로 격국(格局)의 성패(成敗)를 구분하여 귀천(貴賤)을 가리는 방법을 학습하면 도움이 된다.

❒ 격(格)을 정하는 원칙

1. 월지를 용신으로 삼아 격국을 정한다. 가령 戌月 甲木이면 재격(財格)이 된다.

□ 甲 □ □
□ □ 戌 □

2. 인원용사지신(人元用事之神)은 월령(月令)에서 투간(透干)한 천간(天干)의 육신으로 정해진다. 이것은 '자평진전'에서 말하는 '용신의 변화'를 의미한다. 즉 戌月 甲木에 戌 중 丁火가 투(透)하면 재격(財格)이 상관격(傷官格)으로 바뀐 것이다.

□ 甲 丁 □
□ □ 戌 □

3. 잡기(雜氣)를 취용하는 방법도 간단하다. 월지 辰戌丑未의 사묘(四墓)에서 천간(天干)에 투(透)한 장간(藏干)을 쓰면 된다. 이렇게 되면 사주는 맑아지므로 잡이부잡(雜而不雜)이 된다. 가령 戌月 甲木에 庚金이 투(透)하면 재왕생살(財旺生殺)의 살격(殺格)이 된다.

□ 甲 庚 □
□ □ 戌 □

4. 천간(天干)이 아닌 지지(地支)의 글자에 의해서도 용신의 변화가 일어난다. 회지(會支)로 인해 격국이 정해진다. 예

를 들어 戌月 甲午 일주(日柱)라면 午戌 화국(火局)으로 인해 상관격(傷官格)이 된다. 이것은 재격(財格)이 상관격(傷官格)으로 변한 것이다.

□ 甲 □ □
□ 午 戌 □

5. 월지(地支)가 합국(合局)을 이루어 용신의 변화가 일어나도, 월지(月支) 정기(正氣)의 글자가 천간(天干)에 투출(透出)하면 격국이 변하지 않는다. 이것이 '자평진전리뷰'에서 언급한 '격국의 회귀성' 일종으로 볼 수 있다. 예를 들어 戊戌月 甲午 일주(日柱)라면 午戌 화국(火局)이나 상관격(傷官格)으로 보지 않고, 재격(財格)으로 간주하게 된다.

□ 甲 戊 □
□ 午 戌 □

'자평진전' 격국론(格局論)

추명술(推命術)은 대개 먼저 팔자(八字) 오행(五行)의 세력(勢力)을 살펴 성격(成格) 유무로 격국(格局)의 귀천(貴賤)을 가리고, 다음으로 기후(氣候)를 본다. 이러한 순서에 구애됨이 없이 팔자(八字)의 기세(氣勢)를 동시에 살펴 격(格)의 고저(高低)를 분별하게 되면 어느 정도 팔자(八字)를 보는 수준에 오른 것이다. 이상으로 팔자(八字) 원국(元局)의 귀천(貴賤)를 가린 다음, 부억(扶抑)을 위주로 세월(歲月)의 성패(成敗)와 희기(喜忌)를 가늠하고, 형충회합(刑沖會合)과 물상(物象) 전반의 실전 테크닉으로 성패(成敗)의 변이(變移)와 득실(得失) 유무를 정확하게 추리해 나간다. 팔자술(八字術)의 '마스터'란 세사(世事)의 이치(理致)에 통(通)한 인사를 이르는 말인데, 이는 궁극적으로 학문(學文)과 수반된 경험(經驗)으로 도달할 수 있는 경계다. 한마디로 팔자(八字)의 연구(硏究) 과정에는 신공(神工)이 전제되지 않는다. 그러므로 먼저 오행(五行)의 생극제화(生剋制化)를 근간으로 하는 이법(理法) 체계에 따른 '자평진전'의 '격국(格局) 성패(成敗)'부터 가릴 줄 알아야 한다. 또 성격(成格)과 파격(破格)의 기본 유형으로 귀천(貴賤) 일반을 파악한 연후에는 재차 성격(成格)이 파격(破格)되고, 파격(破格)이 성격(成格)으로 귀결(歸結)되는 상황을 분별해야 한다. 성중유패(成中有敗)는 대기(帶忌)라 해서, 필시 꺼리는 성분이 곁에 있기 때문이고 패중유성(敗中有星)은 구응(救應)이 있는 것인데, 팔자(八字) 원국(元局)에서뿐만 아니라, 대운(大運)의 간지(干支) 작용에 의해서도 변격(變格)되므로 잘 살펴야 한다. 이상의 과정이 팔자(八字), 체신(體神)의 성패(成敗)를 가리는 첫 단계다.

그런데 팔자(八字)의 변화는 하나가 아니다. 애초에 성격(成格)과 파격(破格)으로 나눠지나 그 변화를 헤아리기는 수월치 않다. 성격(成格)이 파격(破格)으로 변화고 파격(破格)이 성격(成格)으로 변하는 기묘함이 있기 때문이다. 예컨대 상관(傷官)이 재성(財星)으로 변하면 성격(成格)이 된다. 이를테면 辛金 일간(日干)이 亥月에 나서 지지(地支)에 卯未가 있다면 재격(財格)으로 성격(成格)된다. 그러나 천간(天干)에 다시 칠살(七殺) 丁火가 투(透)했다면 재(財)가 살(殺)을 생(生)하여 다시 파격(破格)이 된다. 이런 경우를 성득패의(成得敗矣)라 한다. 반대로 파격(破格)이 다시 성격(成格)으로 변하는 패득성의(敗得成矣)의 유형도 적지 않다. 이를테면 辛金 일간(日干)이 戊戌月에 나서 年干에 정관(正官) 丙火가 있고 시간(時干)에 壬水가 있다면 壬水 상관(傷官)이 월간(月干) 戊土에 의해 제극(制剋)당하므로 멀리 이격되어 있는 丙火를 극(剋)할 수 없게 된다. 이때 상관(傷官) 壬水는 오히려 일주(日柱)의 왕성한 기운을 설기(洩氣)하는 좋은 작용을 한다. 또 양인격(陽刃格)에 칠살(七殺)과 식신(食神)이 모두 있으면 본래는 파격(破格)이다. 그런데 庚金 일간(日干)이 丁酉月에 나서 년간(年干)에 丙火가 있고 시간(時干)에 壬水가 있다면, 합관류살(合官留殺)되어 살인격(殺刃格)이 맑아진 셈으로 패득성의(敗得成矣)가 된다. 아무튼 팔자(八字)의 성격(成

格)과 파격(破格)을 가리고 변화를 살피는 과정은 명리(命理) 학습의 기초가 되므로 '자평진전'의 초기 학습이 필요한 것이다.

❐ 팔자(八字)의 성격(成格)과 대기(帶忌)

정관격(正官格)이 재(財)와 인수(印綬)를 보면서 형충파해(刑沖破害)가 없으면 정관격(正官格)이 성격(成格)된 것이다. 재격(財格)이 정관(正官)을 보아 재왕생관(財旺生官)이 되거나, 혹은 식신(食神)이 재(財)를 생(生)하면서 신강(身强)하고 비견(比肩)이 있거나, 혹은 인수(印綬)가 투출(透出)하고 그 위치가 적절하여 재인(財印)이 서로 극(剋)하지 않으면 재격(財格)이 성격(成格)된 것이다. 인수격(印綬格)에 인수(印綬)가 경(輕)한데, 칠살(七殺)이 있어서 약한 인수(印綬)를 생(生)하거나, 혹은 관인쌍전(官印雙全)하거나, 혹은 신인양왕(身印兩旺)한데 식상(食傷)을 써서 설기(洩氣)하거나, 또은 인수(印綬)가 많은데 재(財)가 천간(天干)에 투출하고 재(財)의 뿌리가 약한 것 등은 모두 인수격(印綬格)이 성격(成格)된 것이다. 식신격(食神格)이 식신생재(食神生財)가 되거나, 혹은 식신(食神)과 칠살(七殺)이 있고 재(財)가 없거나, 식신(食神)을 버리고 칠살(七殺)을 취해야 할 경우에 인수(印綬)가 투출(透出)하게 되면 식신격(食神格)이 성격(成格)된다. 칠살격(七殺格)은 식신(食神)으로 제복(制伏)하거나, 상관(傷官)으로 화살(化殺)해야 성격(成格)된다. 상관격(傷官格)은 재(財)가 있거나, 혹은 상관(傷官)이 왕성(旺盛)한데 상관패인(傷官佩印)이 되면서 인수(印綬)가 지지(地支)에 통근(通根)한 것, 또는 상관(傷官)이 왕(旺)하고 신약(身弱)한데 칠살(七殺)과 인수(印綬)가 동시에 투(透)한 것, 그리고 칠살(七殺)만 있고 재(財)가 없을때 상관격(傷官格)이 성격(成格)된다. 양인격(陽刃格)에 관살(官殺)이 투출(透出)하고 재(財)와 인수(印綬)가 드러나 있으면서 상관(傷官)이 없으면 양인격(陽刃格)이 성격(成格)된 것이다. 건록격(建祿格)과 월겁격(月劫格)은 관(官)이 투(透)하고 재(財)와 인수(印綬)가 있는 것, 재(財)가 투(透)하고 식상(食傷)이 있는 것, 칠살(七殺)이 투(透)하고 제복(制伏)된 경우에 록겁격(祿劫格)의 성격(成格)을 논한다.

성격(成格)이 다시 파격(破格)으로 귀결되는 유형은 필시 꺼리는 성분의 글자가 곁에 있기 때문이다. 이를 대기(帶忌), 즉 성중유패(成中有敗)라 하고 다음의 형태로 요약할 수 있다. 정관격(正官格)이 재(財)를 만나 성격(成格)되었다고 해도 팔자(八字)에 상관(傷官)이 있거나 또는 투(透)한 관(官)이 합(合)된 경우다. 재격(財格)이 정관(正官)을 생(生)하는데 상관(傷官)이 있어 정관(正官)을 파괴하거나, 정관(正官)이 합거(合去)되는 경우다. 인수격(印綬格)에 식신(食神)이 투(透)하여 설기(洩氣)하는 용신(用神)을 삼을 때 재(財)가 노출(露出)되었거나, 또는 칠살(七殺)이 투(透)하여 인수(印綬)를 생(生)하고 있는데 다시 재(財)가 투(透)하여 인수(印綬)가 파괴되고 칠살(七殺)만 남는 경우다. 식신격(食神格)에 칠살(七殺)과 인수(印綬)가 있는데 또다시 재(財)가 있는 경우다. 칠살격(七殺格)이 식신(食神)의 제복(制伏)을 받는데 다시 인수(印綬)가 있는 경우다. 상관격(傷官格)으로 재(財)를 생(生)하는데 재(財)가 합거(合去)되거나, 인수(印綬)가 용신(用神)인데 인수(印綬)가 파괴된 경우다. 양인격(陽刃格)에 투(透)한 정관(正官)이 파괴되거나, 칠살(七殺)이 투(透)했으나 칠살(七殺)이 합(合)된 경우다. 록겁격(祿劫格)에 투(透)한 정관(正官)이 상관(傷官)을 보거나, 재(財)가 투(透)하고 다시 칠살(七殺)이 투(透)한 경우다.

❒ 성격(成格) '포맷'과 성중유패(成中有敗)

격 格	성격 成格	구성 요건 構成 要件	성중유패 成中有敗
재격 財格	재왕생관 財旺生官	신강 身強	재왕생관이우봉 財旺生官而又逢 상 관봉합 傷, 官逢合
	재격투인 財格透印	재인양불상극 財印兩不相剋	
	재봉식상 財逢食傷	신강대비 身強帶比	
정관격 正官格	정관용재 正官用財	신강이무형충파해 身強而無刑衝破害	정관봉재이우봉 正官逢財而又逢 상 傷
	정관패인 正官佩印	무형충파해 無刑衝破害	
	관봉재인 官逢財印	무형충파해 無刑衝破害, 재인양불상극 財印兩不相剋	투관이우봉합 透官而又逢合
인수격 印綬格	인봉관살 印逢官殺	인경봉살 관인쌍전 印輕逢煞, 官印雙全	투재거인존살 透財去印存煞
	인다용재 印多用財	재투근경 財透根輕	
	인용식상 印用食傷	신인양왕 身印兩旺	우재노 遇財露
	편인투식 偏印透食	신인양왕 身印兩旺	우재노 遇財露

<table>
<tr><td rowspan="4">食神格(식신격)</td><td>食神生財(식신생재)</td><td>身強(신강)</td><td></td></tr>
<tr><td>食神帶殺(식신대살)</td><td>無財(무재), 三子皆備(삼자개비)</td><td>逢財(봉재)</td></tr>
<tr><td>棄食就殺(기식취살)</td><td>印透(인투)</td><td>逢財(봉재)</td></tr>
<tr><td>食多用印(식다용인)</td><td>身弱食旺(신약식왕)</td><td>逢財(봉재)</td></tr>
<tr><td rowspan="4">七殺格(칠살격)</td><td>殺用食制(살용식제)</td><td>身強(신강)</td><td>逢印(봉인)</td></tr>
<tr><td>殺格用印(살격용인)</td><td>身弱(신약)</td><td></td></tr>
<tr><td>身殺均停(신살균정)</td><td>身強(신강)</td><td></td></tr>
<tr><td>殺格逢刃(살격봉인)</td><td>日時支刃(일시지인)</td><td></td></tr>
<tr><td rowspan="4">傷官格(상관격)</td><td>傷官佩印(상관패인)</td><td>傷官旺(상관왕), 印有根(인유근)</td><td>印遭傷(인조상)</td></tr>
<tr><td>傷官生財(상관생재)</td><td>身強(신강)</td><td>財逢合(재봉합)</td></tr>
<tr><td>傷官殺印(상관살인)</td><td>身弱而透煞印(신약이투살인)</td><td></td></tr>
<tr><td>傷官駕殺(상관가살)</td><td>無財(무재)</td><td></td></tr>
<tr><td rowspan="4">祿劫格(록겁격)</td><td>祿劫用官(록겁용관)</td><td>逢財印(봉재인)</td><td>官逢傷(관봉상)</td></tr>
<tr><td>祿劫用殺(록겁용살)</td><td>遇制伏(우제복)</td><td></td></tr>
<tr><td>祿劫用財(록겁용재)</td><td>逢食傷(봉식상)</td><td>財逢煞(재봉살)</td></tr>
<tr><td>祿劫食傷(록겁식상)</td><td>唯春木之木火通明而秋金之(유춘목지목화통명이추금지)
金水相涵(금수상함)</td><td></td></tr>
<tr><td rowspan="2">陽刃格(양인격)</td><td>陽刃露殺(양인로살)</td><td>無食傷(무식상)</td><td>殺被合(살피합)</td></tr>
<tr><td>陽刃用官(양인용관)</td><td>露財印(노재인)</td><td>官被傷(관피상)</td></tr>
</table>

❒ 팔자(八字)의 파격(破格)과 구응(救應)

정관격(正官格)이 상관(傷官)으로부터 극(剋)을 당하거나, 월지(月支)가 형충(刑沖)이면 파격(破格)이다. 재격(財格)에 재(財)가 경미하고 비겁(比劫)이 많거나, 재(財)가 투(透)하고 칠살(七殺)이 있으면 파격(破格)된다. 인수격(印綬格)에 인수(印綬)가 경(輕)한데 재(財)를 보거나, 신강(身强)하고 인수(印綬)가 중(重)한데 칠살(七殺)이 투(透)하면 파격(破格)이다. 식신격(食神格)에 식신(食神)이 효신(梟神)을 만나거나, 재(財)와 살(殺)이 모두 있으면 파격(破格)이다. 칠살격(七殺格)에 칠살(七殺)이 재(財)를 보고 식신(食神)의 제복(制伏)이 없으면 파격(破格)이다. 금수상관(金水傷官)을 제외하고 정관(正官)이 있는 상관격(傷官格)과, 상관생재(傷官生財)가 되면서 칠살(七殺)이 있는 것, 그리고 상관(傷官)은 미약한데 신왕(身旺)하고 인수(印綬)가 있는 것은 모두 상관격(傷官格)이 파격(破格)된 것이다. 양인격(陽刃格)에 관살(官殺)이 없으면 파격(破格)이다. 록겁격(祿劫格)에 재관(財官)이 없거나, 살인(殺印)이 같이 투(透)한 것은 파격(破格)이다.

파격(破格)이 다시 성격(成格)으로 정의되는 유형은 필시 구응(救應)이 있기 때문이다. 패중유성(敗中有成)은 다음의 형태로 요약할 수 있다. 정관격(正官格)에 정관(正官)이 상관

(傷官)을 보았지만, 인수(印綬)가 있어 상관(傷官)을 제(制)하는 것, 관살(官殺)이 섞였는데 합살(合殺)하여 사주(四柱)가 맑아지는 것, 형충(刑沖)이 있어도 회합(會合)으로 이를 해소하는 경우다. 재격(財格)에 재(財)가 겁재(劫財)를 만났는데 식신(食神)이 투(透)하여 겁재(劫財)를 화(化)하거나, 정관(正官)이 있어 겁재(劫財)를 제(制)하는 것, 칠살(七殺)을 만났을 때 식신(食神)이 제살(制殺)하거나 합살(合殺)하여 재(財)가 살아남는 경우다. 인수격(印綬格)에 인수(印綬)가 재(財)에 의해 파괴되었는데 겁재(劫財)가 있어 이를 해소하거나, 재합(財合)하여 인수(印綬)가 남는 경우다. 식신격(食神格)에 식신(食神)이 편인(偏印)을 만났는데 칠살(七殺)이 있어 기식취살(棄食就殺)로 성격(成格)되거나, 식신(食神)이 편인(偏印)을 만났는데 재(財)가 편인(偏印)을 파괴하여 식신(食神)을 보호하는 경우다. 칠살격(七殺格)에 칠살(七殺)을 식신(食神)이 제복(制伏)할 경우, 인수(印綬)가 있으면 재(財)로써 인수(印綬)를 제거하여 식신(食神)을 남기는 경우다. 상관격(傷官格)에 상관(傷官)이 재(財)를 생(生)하는데 칠살(七殺)이 투(透)하면 칠살(七殺)이 합거(合去)되는 경우다. 양인(陽刃)이 관살(官殺)을 용(用)하는데 식상(食傷)이 관살(官殺)을 극(剋)하여 좋지 않을 때는 인수(印綬)가 식상(食傷)을 제(制)하여 관살(官殺)을 보호하는 경우다. 록겁격(祿劫格)에 정관(正官)

을 용(用)하는데 상관(傷官)을 보아 파격(破格)되면 이때 상관(傷官)이 합거(合去)되거나, 재(財)를 용(用)하는데 칠살(七殺)이 투(投)하면 칠살(七殺)이 합거(合去)되는 경우다.

❐ 파격(破格) '포맷'과 패중유성(敗中有成)

格(격)	破格(파격)	敗中有成(패중유성)
財格(재격)	財輕比重(재경비중)	財逢劫而透食以化之, 生官而制之(재봉겁이투식이화지, 생관이제지)
	財透七煞(재투칠살)	逢殺而食神制殺以生財, 存財而合殺(봉살이식신제살이생재, 존재이합살)
正官格(정관격)	官逢傷剋(관봉상극)	官逢傷而透印以解之(관봉상이투인이해지)
	刑沖(형충)	刑衝而會合而解之(형충이회합이해지)
	官殺混雜(관살혼잡)	雜煞而合煞而淸之(잡살이합살이청지)
印綬格(인수격)	印輕逢財(인경봉재)	印逢財而劫財以解之, 合財而存印(인봉재이겁재이해지, 합재이존인)
	身强印重而透煞(신강인중이투살)	
食神格(식신격)	食神逢梟(식신봉효)	食逢梟而就煞以成格, 財以護食(식봉효이취살이성격, 재이호식)
	生財露煞(생재노살)	

七殺格(칠살격)	七煞逢財(칠살봉재)	
	七煞無制(칠살무제)	
	食制印來護殺(식제인래호살)	逢財以去印存食(봉재이거인존식)
傷官格(상관격)	傷官非金水而見官(상관비금수이견관)	
	生財而帶煞(생재이대살)	煞逢合(살봉합)
	佩印而傷輕身旺(패인이상경신왕)	
祿劫格(록겁격)	祿劫無財官(록겁무재관)	
	祿劫透殺印(록겁투살인)	
	祿劫用官遇傷(록겁용관우상)	傷被合(상피합)
	祿劫用財帶煞(록겁용재대살)	殺被合(살피합)
陽刃格(양인격)	陽刃無官煞(양인무관살)	
	陽刃用官殺帶傷食(양인용관살대상식)	印以護官殺(인이호관살)

影響遙繫既爲虛, 雜氣財官不可拘.(영향요계기위허 잡기재관불가구)

影響(영향)과 遙繫(요계)에 대한 설명은 다소 해석이 분분한 데, 이를 도충(倒沖)이나 암충암합(暗沖暗合) 등으로 격(格)을 이루는 잡격(雜格) 유형으로 설명하는 경우가 더러 있다. 그러나 굳이 이 대목에서 암충암합(暗沖暗合)으로까지 확대 해석할 필요는 전혀 없다. 影響은 글자 그대로 '그림자의 울림'이니, 그저 이격된 글자의 충(沖)은 특별한 영향력을 지니지 않는 것으로 이해하는 게 좋다. 이를테면 월지(月支) 卯와 시지(時支) 酉의 관계와 같은 것으로 격(格)을 정하는데 특별히 영향을 미치지 못하는 상황을 의미하는 것이다. 遙繫에서 遙는 '노닌다'라는 뜻에 앞서 'distance'의 '원거리'라는 해석을 적용하면 더욱 확연한 의미를 갖게 된다. 즉 떨어져 있는 천간(天干)끼리의 합(合)을 의미하는 것으로 일종의 격합(隔合)을 말하는 것이다. 이를테면 년간(年干) 乙과 시간(時干) 庚이 있는 것과 같이 격(格)을 정하는데 전혀 영향을 미치지 못하는 상태를 의미한다. 雜氣財官不可拘란 사시(四時)에 태어난 경우는 잡기재관격(雜氣財官)으로 논하지 말고, 土의 육신(六神)을 취하여 일간(日干)과의 관계를 살펴 격(格)으로 삼으면 된다는 얘기다. 이때도 마찬가지로 장간(藏干)의 투출(透出) 여부를 가려 격(格)을 정하면 되므로 굳이 잡기(雜氣)라는 이름을 붙일 필요는 없다.

✍ Note

❐ 암충암합격(暗沖暗合格) 개괄

'적천수'는 잡격(雜格) 일체를 거론하지 않고 있지만, 고가(古歌)에 이르길 외격(外格)이 참되면 지위(地位)가 대각(台閣)에 오르고 궁전(宮殿)에 들어가 황제(皇帝)의 용안(龍顔)을 본다고 했다. 운로(運路)에서는 전실운(塡實運)을 기피할 뿐 여타의 운(運)은 대체로 무난하다고 했다. 여기에서 이르는 외격(外格)은 암충암합격(暗沖暗合格)의 유형을 뜻한다. 이때 전실(塡實)은 대운(大運)이 아니라 세월(歲月)의 '필드'에만 국한되어 길흉(吉凶)을 논하는 단서다. 보통 대운(大運)의 전실(塡實)은 격국(格局)을 무너뜨려 좋지 않게 판단해 왔지만, 실상 일반 격국(格局)으로 성격(成格)되기만 하면 특별히 나쁘지 않다. 만일 변격(變格)되어 파격(破格)된다면 좋을리 없지만, 패(敗)의 상황을 두고 굳이 외격(外格)의 귀(貴)를 특별히 훼손시켰다고 볼 필요는 없는 것이다. 잡격(雜格)에는 특별히 적용되는 암충(暗沖)이나 암합(暗合)의 운기(運氣) 작동과 기반(羈絆), 전실(塡實) 등의 법칙이 있다. 이때 암충(暗沖)이나 암합(暗合) 등으로 허공에서 불러오는 글자는 그것이 지지(地支)의 글자라 해도 동(動)적 요소가 가미되어 천간(天干)과 같은 역할을 하므로 성격(成格)의 요소가 된다. 이를테면 허공에서 불러오는 巳火는 丙火와 같다는 얘기다. 따라서 팔자(八字) 자체는 정물(靜物)이지만 지지(地支)의 같은 글자가 모이거나, 시(時)의 간지(干支)가 甲寅이나 庚申, 戊子나 丙子 등으로 연관적인 속성을 띄게 되면 파워가 증대되는 특징이 있다. 암충암합격(暗沖暗合格) 일반은 격(格)을 이루는 조건이 매우 엄격하다. 따라서 조건에 부합되지 않으면 예외 없이 일반 격국(格局)으로 성패(成敗)를 논해야한다. '자평진전' 또한 팔자(八字)에 재관(財官)이 존재하지 않는 경우, 허공에서 재관(財官)의 글자를 합(合)하거나 충(沖)해서 격국을 성격(成格)시키는 잡격(雜格) 유형은 공식적으로 인정하는 입장을 취했다. 다만 이 외의 기타 잡격(雜格) 일체는 부정했다. 이를테면 공록(拱祿), 공귀(拱貴), 추건(趨乾), 귀록(歸祿), 서귀(鼠貴), 일귀(日貴), 일덕(日德), 괴강(魁罡), 시묘(時墓), 양간부잡(兩干不雜) 등은 통틀어 취하지 않았다. 반면 '적천수'는 이들의 존재에 대해 거론조차 하지 않았고, '임철초'를 위시한 많은 인사들은 잡격(雜格)의 의미 자체를 아예 망령되게 여겼다. 근세(近世)의 '서락오'는 다소 모호한 입장을 견지했고, '위천리'는 가소(可笑)롭다고 했을 정도다. 무릇 학자라면 엄연히 존재하는 대상에 대해 깊은 사유(思惟)를 수반하지 않고 완전히 무시해버리는 우(愚)를 삼가야 마땅하다고 생각한다. 팔자(八字)의 오행(五行) 이법(理法) 틀에서 벗어나 원초적인 에너지의 법칙인 체용(體用)과 동정(動靜), 허실(虛實) 등의 상관 관계를 헤아린다면 감히 고법(古法)의 오의(奧義)를 훼손할 수 없을 것이다. 아래의 해당 명례(命例)를 통하여 암충암합격(暗沖暗合格) 전반을 개괄한다.

1. 도충격(倒沖格)

팔자(八字)에 재관(財官)이 없고 다른 수기(秀氣)도 취할 수 없으면서 일지(日支)와 같은 글자가 많을 때 충(沖)이 되는 글자를 불러와 반대의 기운을 취하고, 이로써 재관(財官)을 구해 격(格)을 이룬다. 이것이 바로 암충(暗沖) 기법의 하나다. 이렇게 도충(倒沖)된 글자의 정기(正氣)에서 재관(財官)을 구하면 그 힘이 팔자(八字) 원국(元局)의 재관(財官)과 다름이 없다. 이때 도충(倒沖)과 연관되는 신(神)은 타 글자의 영향력으로 인해 훼손당하지 않아야 한다. 이를테면 丙午日에 午를 거듭 볼 때 팔자(八字)에 未가 있어 午를 합(合)하거나, 己가 있어 암관(暗官) 癸를 상(傷)하거나 하면 암충관격(暗沖官格)으로 논하지 않는다는 얘기다.

도충격(倒沖格)의 예로 '관운장(關雲長)'의 팔자(八字)를 들

수 있다.

戊 戊 戊 戊
午 午 午 午

사주(四柱)의 午火가 무리를 지어 암중(暗中)으로 子水 재(財)를 충(沖)하여 오는 것이다.

甲 丙 庚 甲
午 午 午 寅

午火가 정관(正官) 子水를 沖하여 온다. 세월(歲月)에서 전실(塡實)됨을 기피한다. 다른 운(運)은 무방하다

전실(塡實)이란 "이미 채워져 있다"는 뜻으로 팔자(八字)에 이미 子水가 있는데 굳이 병립한 午火가 子水를 허공에서 불러 오는 현상은 나타나지 않음을 의미한다. 즉 허공에서 반대의 기운을 불러와서 용(用)하려고 하는데 이미 팔자(八字)의 글자 정기(正氣)에 그 기운이 있으므로 외격(外格)의 묘용(妙用)을 살리지 못하는 상황을 말한다. 따라서 전실운(塡實運)도 기피한다. 만약 대운(大運)에서 도충(倒沖)과 연관되는 신(神)을 형충(刑沖)한다면 도충격(倒沖格)은 훼손되고, 일반 내격(內格)으로 취해야 한다. 세월(歲月)의 형충(刑

沖)은 당연 불리하다. 도충격(倒沖格)을 이루려면 이지(二支)만 같아서는 그 힘이 충분히 강하지 못하므로 불가(不可)하고 삼지(三支)나 사지(四支)라야 비로소 묘하게 된다는 설이 지배적이다. 그러나 실상은 꼭 그렇지 않다. 암충암합(暗沖暗合)의 핵심은 일지(日支)와 시지(時支)에 있다. 따라서 이 두 글자만 건전하게 겹치면 암충암합(暗沖暗合)의 작용력이 발생한다.

2. 비천록마격(飛天祿馬格)

도충격(倒沖格)과 원리가 같다. 협의의 도충격(倒沖格)이 충(沖)한 글자의 정기(正氣)만을 대신해서 재관(財官)을 용(用)한다면 비천록마격(飛天祿馬格)은 충(沖)한 글자의 장간(藏干)을 취해 재관(財官)으로 쓰는 것이다. 록마(祿馬)는 곧 재관(官財)를 뜻한다. 통상 丙午일에 午가 많으면 子를 충(沖)하여 관(官)으로 쓰고, 丁巳일에 巳가 많아 亥를 충(沖)해 官을 쓰며 특히 하월(夏月) 생이면 더욱 유용하다고 본다. 庚子나 壬子 이일(二日)에서도 취하는데 子가 많으면 午를 충해 午中 丁己가 재관인(財官印)이 되고, 辛亥, 癸亥 이일(二日)에서도 亥가 많으면 巳를 충(沖)하여 巳中 丙戊를 재관(財官)으로 쓰는 바, 마찬가지로 동월(冬月) 생이면 더욱 귀

(貴)해진다. 이상의 육일(六日)만 취하는 이유는 간단하다. 이상의 육일(六日)이 충(沖)하는 관(官)이 힘이 있고, 그 안에 재인(財印)의 사길신(四吉神)을 겸하기 때문이다. 이를테면 甲日이 卯가 많으면 역시 酉를 충(沖)할 수 있고 乙日이 寅이 많으면 역시 申을 충(沖)할 수 있으나 암충암합격(暗沖暗合格)은 살상효겁(殺傷梟劫) 등의 흉신(凶神)을 겸해 격(格)을 이루는 법이 좀체 없다. 다만 丙午는 양인(陽刃)이므로 살(殺)이 가하다. 가령 甲乙日과 같은 경우는 충합록마격(沖合祿馬格)으로 따로 분류하는데 위와 같은 맥락에서 비천록마격(飛天祿馬格)에 비해 격(格)이 떨어진다고 볼 수 있다. 아무튼 허공에서 불러온 글자의 정기(正氣) 자체를 재관(財官)을 삼는 것과 달리 허신(虛神)의 장간(藏干)까지 취하여 잡격(雜格) 체계에 대해서는 좀 더 궁리해 볼 여지가 있다.

明通賦: 庚壬子午沖午祿, 切忌丙丁, 丙午丁巳准此, 最忌刑沖, 壬子癸亥例同, 亦防塡實

'명통부'에 "암충(暗沖)하는 글자의 오행(五行)이 이미 팔자(八字)에 전실(塡實)되거나 그 글자를 형충(刑沖)하는 글자가 전실(塡實)되어 있는 것을 가장 기피한다"고 했다. 이것은 허신(虛神)이 체신(體神)의 귀천(貴賤) 여부에 직접 작용한다는 점을 시사하는 대목인데, 잡격(雜格)의 희기(喜忌)은 굳이 체신(體神)의 영역에서 논할 필요가 없다.

아래 두 팔자는 고서에 기재된 걸인(乞人)의 팔자다.

丙 壬 壬 壬
午 子 子 子

午火의 전실(塡實)로 비천(飛天)이 되지 않는다.

癸 癸 癸 戊
亥 亥 亥 寅

巳火를 형(刑)하는 寅의 글자가 전실(塡實)되어 대기(大忌)하다.

기반(羈絆)은 "묶여서 작용을 못하게 된다"는 의미로 이미 팔자(八字)의 지지(地支)에 합(合)이 있어 도충(倒沖)의 현상을 나타나지 못하게 함을 가리키는 말이다. 즉 子가 丑과 합(合)을 이루면 합(合)을 즐기므로 午를 불러오는 본래의 임무를 망각한다는 얘기다. 아무튼 위의 두 팔자(八字)는 비천록마격(飛天祿馬格)의 파격(破格)으로 볼 수도 있다. 그러나 이미 팔자(八字) 원국(元局)에서 비천록마격(飛天祿馬格)이 성립되지 않을 경우에는, 여타의 격국(格局)으로 취해 성패희기(成敗喜忌)를 가리는 게 옳다. 壬子日의 경우 비천(飛天)이 되지 않으므로 양인격(陽刃格)으로 세월(歲月) 지지(地支)의 글자 희기(喜忌)를 논해도 좋고, 윤하격(潤下格)이 대운(大運) 남방운(南方運)을 기피하는 것에 주목해도 무난하다. "양인(陽刃)이 재(財)를 보거나, 상관(傷官)이 관(官)을 보면 망(亡)한다"는 일반적 견해만 견지해도 특별히 어렵지 않은 팔자(八字) 구조다. 암충암합(暗沖暗合)의 핵심은 허신(虛神)을 불러오는 글자와 허신(虛神)의 글자가 모두 훼방 받지 않는 환경에 있다고 보면 된다. '서락오'는 '자평일득(子平一得)'에서 "팔자(八字) 중에 지지(地支)가 병립(竝立)하고, 천간(天干)에서도 허신(虛神)을 상합(相合)을 구조를 이루면 마치 많은 화살이 하나의 과녁판을 보고 집중되는 것처럼 더욱 의미가 있다"고 했다. 이를테면,

甲 壬 壬 壬
辰 子 子 子

노상서(魯尙書)의 명(命)과 같은 경우를 말한다.

3. 정란차격(井欄叉格)

庚子, 庚辰, 庚申의 삼일(三日)이 지지(地支)에 申子辰이 완전하면 정란차격(井欄叉格)이 된다. 지지의 申子辰이 寅午戌을 충하여 오니 재관인(財官印)이 다 생긴다는 얘기다. 만약 丙丁이 투출하거나 巳午가 있다면 전실(塡實)로 이미 관(官)이 있으므로 굳이 그것을 충(沖)하여 재관(財官)을 끌어올 필요가 없다.

庚 庚 庚 戊
辰 申 申 子

'성평회해(星平會海)'에서 인용한 곽통수(郭統帥)의 명(命)이다. 정란차격(井欄叉格)은 상관격(傷官格)과 희기(喜忌)를 같이 하며 다만 전실운(塡實運)을 기피한다는 점에서 일반격국(格局)과 차이가 있다.

眞寶賦: 欄叉得印祿之相助, 官居輔袞阿衡, 火劫兼歲運之不和, 反作貧窮而下賤, 又云飛天欄叉兼印綬, 必爲昭代名公

'진보부'에 이르길, 정란차격(井欄叉格)이 인수(印綬)와 록(祿)의 상조(相助)를 받으면 직책이 높고 곤룡포를 입는다고 했다. 그러나 화겁(火劫), 즉 관살(官殺)이 있고 세운(歲運)에서 불화(不和)하면 반대로 빈곤하게 되며 하천(下賤)해진다고 했다. 또한 비천록마격(飛天祿馬格)이나 정란차격(井欄叉格)이 팔자(八字)에서 인수(印綬)를 겸하면 필시 태평성대(太平聖代)의 명인(名人)이 된다고 했다.

'서락오'는 금수상관(金水傷官)이 火를 기뻐하는데, 정란차격(井欄叉格)이 예외일 수 없다고 생각했다. 이 부분의 지적은 몹시 타당해 보이는데, 위 곽통수(郭統帥)의 팔자(八字)가 화운(火運)을 보지 않고도 현달(顯達)했음을 감안한다면 정란차(井欄叉)는 예외로 보아야 할 것 같다. 아무튼 이 부분은 현실의 검증으로 조율해 나가야 할 문제다. '진소암'은 정란차(井欄叉)의 뜻이 애매하여 이런 것은 고인(古人)들이 지은 억지 이름으로 배척하고 암충(暗沖)의 일반적인 유형만 수용했는데, 申子辰 수국(水局)이 寅午戌의 각 글자를 취한다는 점은 쉽게 받아들이기 어려운 내용이라 할 수 있다. 다만 수국(水局)이 화관(火官)을 취한다는 선에서 정란차격(井欄叉格)을 이해하는 것이 무난하다고 생각한다.

4. 암합격(暗合格)

지지(地支) 육합(六合)은 그 기(氣)가 서로 관련이 있으므로 만일 팔자(八字)에 관(官)이 없으면서 일지(日支)와 같은 글자와 많으면 암중(暗中)으로 일궁(日宮)과 합(合)하는 관(官)을 불러 쓸 수 있다는 것으로, 그 힘이 암충(暗沖)보다는 약간 떨어지지만 합(合)의 정(情)에 맞으니 역시 취할 수 있다는 것이다. 예컨대 甲辰日에 辰이 많으면 암합(暗合)으로 辰과 合하는 酉中 辛金이 관(官)이 되고, 戊戌日에 戌이 많으면 암합(暗合)으로 戌과 합(合)하는 卯中 乙木이 관(官)이 되며, 癸卯日에서 卯가 많으면 암합(暗合)으로 卯와 합(合)하는 戌中 戊土가 관(官)이 된다는 것이다. 또 癸酉日에 酉가 많으면 암합(暗合)으로 酉와 합(合)하는 辰中의 戊土가 관(官)이 된다. 암합격(暗合格)이 성립될 때도 보통 삼지(三支) 내지 사지(四支)가 서로 같아야 그 합(合)이 비로소 참되다는 설이 지배적인데 이것은 잘 몰라서 하는 소리다. 일시(日時)의 지지(地支)가 같고 전실(塡實)됨이 없으면 능히 합관(合官)한다. 다음은 중국의 황제 성조(成祖)의 팔자(八字)다.

辛 癸 辛 庚
酉 酉 巳 子

5. 합록격(合祿格)

일각에서는 '합록(合祿), 요합(遙合), 형합(刑合)' 등은 모두 쓰지 않고 암합격(暗合格)만 취한다. 암합(暗合)은 이치가 자연스럽지만, 요합(遙合) 등은 부자연스럽다는 얘기다. 합(合)이면 그냥 합(合)이지, 자요(子搖)나 축요(丑遙) 등과 같이 돌아 상봉(相逢)하는 게 아니므로 후자를 버리는 것인데 '합록(合祿), 요합(遙合), 형합(刑合)'의 이치는 병립(竝立)된 지지(地支)가 일차적으로 암충암회(暗沖暗合)하는 현상과는 다소 의미를 달리 한다. 시(時)의 간지(干支)와 동시에 인력(引力)을 형성하는 것으로 간지(干支)의 오운육기(五運六氣) 작용력이 투영된 것인바, 쉽게 폐기할 이론이 못된다.

古歌云, 庚申時逢戊日食神奇, 最喜秋冬福有餘

합록격(合祿格)은 팔자에 관(官)이 없으면 간지(干支) 공히 관(官)을 합(合)해 오는 경우를 말한다. 가령 戊 일간(日干)이 庚申時에 출생하면, 庚이 乙을 합(合)해 오고, 申이 寅을 불러와 정관(正官)을 얻으니 전식합록격(專食合祿格)이라 한다.

庚 戊 戊 己
申 辰 辰 未

촉왕(蜀王)의 명(命)이다.

또 전인합록격(專印合祿格)이 있는데, 명통부(明通賦)에 이르길, "癸 일주(日柱)가 팔자(八字)에 火가 없고 戊己土가 없으면서 庚申時가 되면, 허신(虛神)을 합래(合來)하여 재관(財官)을 삼으므로 庚申이 용신(用神)이 된다"고 했다. 이것은 申이 합(合)해 온 巳中 丙戊를 쓴다는 것인데, 간지(干支)의 오운육기(五運六氣) 현상과는 내용이 다르므로 전식합록격(專食合祿格)과 전인합록격(專印合祿格)은 꼴을 비슷하나, 성립 배경은 다른 셈이다.

6. 요합격(遙合格)

금성옥진부 자요사 축요사 역이재인상성
金聲玉振賦: 子遙巳, 丑遙巳. 亦以財印相成

진보부 자축요합사궁 주인재이위극보
眞寶賻: 子丑遙合巳宮, 柱印財而爲極寶

'금성옥진부'에 "子는 요동(搖動)하여 巳를 부르고, 丑도 요동(搖動)하여 巳를 합래(合來)한다"고 했다. 요사(遙巳)란 팔자(八字)에 없는 巳火를 요동(搖動)시켜 그 속에 있는 丙戊

를 끌어당겨 합(合)해 온다는 뜻이다. 원래 戊癸가 간합(干合)하는데 '巳는 戊의 록(祿)이고, 子는 癸의 록(祿)'이니 子巳는 합력(合力)이 특별하다고 본 것이다. 또 辛癸는 각기 丙戊와 합(合)하는데 丑中에는 辛癸가 들어 있으니 丑 또한 巳를 끌어들이는 힘이 있다고 본 것이다. 이러한 작용력을 현상에서 받아들여야 할지 난감한 면이 없진 않다. 다만 子나 丑이 겹친다면 巳를 요동(搖動)하는 작용력이 발생할 가능성을 전혀 배제할 순 없을 것 같다. 명례(命例)를 통해 관련 내용을 살펴보기로 하자. 예컨대 辛丑日에 丑이 많아서 巳를 합(合)하여 오면 辛丑의 관(官)을 얻는다고 볼 수 있다.

庚 辛 辛 辛
寅 丑 丑 丑

장통제(章統制)의 명(命)이다. 팔자(八字)에 이미 丙丁이 있다면 관(官)이 있는 것이니 요합격(遙合格)이 성립되지 않을 것이다. 丑이 巳를 끌고 왔으므로 일단 축요사격(丑遙巳格)이 된다.

희기편 갑자일재봉자시 외경신신유축오 불희관성
喜忌篇: 甲子日再逢子時, 畏庚辛申酉丑午, 不喜官星

축요사격(丑遙巳格)과 달리 자요사격(子遙巳格)에 대해서는 '심효첨'이나 '서락오' 공히 폐기해야 마땅할 설(說)로 거론했다. 이를테면 자요사격(子遙巳格)이란, 甲子日 甲子時에 출생하면 子中 癸水가 巳中 戊土를 합하여 오고, 戊土는 丙火를 요동(搖動)시켜 丙火가 辛金을 합(合)하여 온다는 것인데, 辛金은 곧 甲木의 정관(正官)이 된다는 논리다. '신봉통고(神峯通考)'에 이르길 "자요사격(子遙巳格)은 子中 癸水가 요동(搖動)하여 巳中 戊土를 합래(合來)하는데, 같은 지장간(地藏干) 중에 丙火로 하여금 辛金을 요합(遙合)하므로 甲木은 辛金으로 관(官)을 얻은 셈"이라 했다. 축요사격(丑遙巳格)처럼 허신(虛神) 巳火를 그대로 관(官)으로 취한다면 별 문제를 삼지 않을 수 있겠지만, 허신(虛神)의 장간(藏干)이 재차 관(官)의 글자를 합(合)하여 온다는 데에 이르면 부당(不當)하게 여겨지기 쉽다. '서락오'는 '신봉통고'의 논리가 참으로 우회곡절(迂回曲折)이라고 했다. 후에 그는 '자평집액(子平集腋)'에서 '신봉통고'야 말로 가장 천박한 이론서로 오류투성이라는 비평을 가했다. 그렇다면 자요사(子遙巳)는 정말 폐기되기야 마땅한 설(說)일까. 다음은 나어사(羅禦史)의 명(命)이다.

甲 甲 甲 甲
子 子 戌 申

'심효첨'은 甲子日의 자요사격(子遙巳格)은 맞지 않지만 '나어사'의 경우에는 약간 부합되는 것 같다고 했다. 다음은 전수상(錢首相)의 명(命)이다.

甲 甲 乙 己
子 子 亥 亥

'서락오'는 '자평일득'에서 차명(此命)을 두고 단지 수왕목부(水旺木浮), 모자감자(母慈滅子)만을 논하고 그 세력에 순종하는 게 좋다고만 했다. 따져 보면 이 정도의 설명으로 팔자(八字)의 귀(貴)를 논하기엔 부족하다. 또한 자요사(子遙巳)에 巳中 丙火가 재차 辛金을 끌어 온다는 논리도 어색하기는 마찬가지다. 이보다는 巳中 庚金을 취하는 것으로 이해하는 게 무난하다고 생각한다. 십간론(十干論)에 甲의 관(官)은 庚이며, 辛은 오히려 살(殺)의 작용을 한다는 점을 상기해 볼 필요가 있다.

7. 형합격(刑合格)

희기편 육계일시봉인위 세월외무기이방
喜忌篇: 六癸日時逢寅位, 歲月畏戊己二方

'자평진전'에는 癸日이 甲寅時에 출생하면 寅이 巳를 형

(刑)하여 오고, 巳中 丙戊가 재관(財官)이 되므로 합록격(合祿格)과 유사하다고 했다. 그러면서 합록격(合祿格)은 기쁘게 합(合)하여 오는 것이고, 형합격(刑合格)은 강제로 형(刑)하여 오는 점이 다르다고 했다. 甲寅時에서 甲은 寅을 비화(比和)하여 寅의 극성(極盛)을 도모한다. 까닭에 팔자(八字)에 庚申이 있으면 형합(刑合)의 작용력을 억제한다. 또 팔자(八字)에 土의 관살(官殺)이 있다면 형합격(刑合格)이 성립되지 않을 것이다. 다음의 두 팔자(八字)는 모두 절도사(節度使)의 명(命)으로 형합격(刑合格)에 해당한다.

甲 癸 癸 乙
寅 卯 卯 未

甲 癸 癸 乙
寅 亥 未 未

'희기편'에 이르길 형합격(刑合格)은 세월(歲月)의 戊己土운(運)을 기피한다고 했다. 이미 甲木 상관(傷官)을 보았으니 관(官)을 봐서 좋을 리 없고, 己는 甲을 합(合)하여 용(用)을 무력하게 한다. 그러나 원뜻은 세월(歲月)의 전실운(塡實運)을 기피한다는 얘기다. 또한 이 대목은 대운(大運)과 세월(歲月)의 체용(體用) 구분에 유의해야 함을 시사하고 있다.

8. 육신조양격(六辛朝陽格)

辛 일간(日干)이 戊子時에 출생하고 팔자(八字)에 재관(財官)이 없으면 육신조양격(六辛朝陽格), 혹은 육음조양격(六陰朝陽格)이 성립된다. 子가 巳를 요합(遙合)하여 巳火를 관(官)으로 쓴다는 것이니 자요사격(子遙巳格)과 원리가 같다. 辛日 중에도 辛巳와 辛未는 조양격(朝陽格)이 되지 않는다고 했는데, 辛巳의 巳 전실(塡實)은 납득이 가지만, 辛未는 그 이유를 잘 모르겠다. 다음은 '명리정종'에 예시된 왕대위(王大尉)의 명(命)이다.

戊 辛 辛 戊
子 丑 酉 辰

이와 달리 육신조양격(六辛朝陽格)의 형태를 갖추었는데도 귀(貴)와 거리가 먼 경우도 있다. 가령 다음과 같은 예다.

戊 辛 庚 戊
子 酉 申 戌

'자평일득(子平一得)'에 빈농(貧農)의 팔자(八字)로 설명되어 있다. '서락오'는 申子 합국(合局)으로 조양격(朝陽格)이 성립되지 않는다는 견해를 피력했다. 그런데 이격된 글자 간에도 합국(合局)을 취하는 것은 옳지 않다고 생각한다. 또한 위 왕대위(王大尉)의 팔자(八字)를 보면 子丑 합(合)이 巳火를 견인하는데 장애가 되지 않음을 알 수 있다. 요합(搖合)은 암충(暗沖)과 작용력이 다른 것이다. 차명(此命)은 지지(地支)의 방국(方局)이 우선이다. 이미 종혁(從革)의 기세(氣勢)를 이루었으므로 巳火의 출현을 반길 수 없는 것이다.

9. 임기용배격(壬騎龍背格)

壬日이 八字(八字)에 辰을 많이 보면 임기용배격(壬騎龍背格)이 된다. 辰이 戌을 충(沖)하여 戌中 丁戊의 재관(財官)을 적출(摘出)한다는 것인데, 실관(實觀)에서 壬辰日 壬寅時 출생자가 팔자(八字)에 재관(財官)이 없다면 일단 주목할 필요가 있다. 이 같은 경우 고가(古歌)에 이르길, "관리나 정치가로 크게 이름을 높이고 관(官)으로 출사(出仕)하지 않아도 복록이 두텁다"고 했다. 다음은 리콴유(李光耀), 전 싱가포르 총리의 명(命)이다.

壬 壬 辛 癸
寅 辰 酉 亥

임기용배격(壬騎龍背格)은 응당 전실운(塡實運)이 되는 戌

土의 글자를 기피한다. 다음은 1982년 壬戌年에 사망한 여우(女優), 잉그리드 버그만(Ingrid Bergman)의 명(命)이다.

壬 壬 甲 乙
寅 辰 申 卯

관 살 상 혼 래 문 아　유 가 유 불 가
官殺相混來問我, 有可有不可.

팔자(八字)에 관살(官殺)이 혼잡(混雜)되면 파격(破格)으로 불리하게 인식되지만, 추동월(秋冬月)에 태어난 庚金 일간(日干)은 丙丁火를 공히 기뻐하므로, 관살혼잡(官殺混雜)이 오히려 필요한 경우가 있는 것이다. 이것은 火의 조후(調喉)가 시급하기 때문인데, 이때 丁은 연금(鍊金)하기 위해, 丙은 조후(調喉)로써 용(用)하므로 관살(官殺)이 혼잡(混雜)되어야 상격(上格)을 이루게 된다. 다음은 '조화원약평주'에 귀(貴)가 극품(極品)에 이른 명(命)으로 예시된 승상(丞相)의 팔자(八字)다.

丙 庚 丁 丙
子 子 酉 子

상 관 견 관 과 난 변　가 견 불 가 견
傷官見官果難辨, 可見不可見.

'자평진전'에 상관견관(傷官見官)은 위화백단(爲禍百端)이라 했다. 상관격(傷官格)이 관(官)을 보면 격국(格局)이 파(破)하여 대개 흉(凶)하다. 그런데 금수상관(金水傷官)의 경우에는 火, 관(官)을 보아도 파격(破格)되지 않고 오히려 귀격(貴格)이 된다. 금수상관격(金水傷官格)은 오히려 관(官)이 있어야 수기(秀氣)가 된다는 것이다. 이 또한 조후(調喉)가 시급하여 火를 용(用)하는 것이다. 다음은 청나라 태종(太宗)의 팔자(八字)다.

丙 辛 辛 壬
申 亥 亥 辰

이 외에도 가을철의 乙木이 丙火 상관(傷官)을 보아도 상관견관(傷官見官)으로 파격(破格)되지 않고 귀격(貴格)을 이룬다.

✍ Note

'자평진전' 기후론(氣候論)

논 명 유 이 월 령 용 신 위 주 연 역 수 배 기 후 이 호 참 지
論命惟以月令用神爲主, 然亦須配氣候而互參之

명(命)을 추리할 때는 월령(月令)의 용신(用神)을 위주로

논하되, 반드시 기후(氣候)와의 관계를 살펴 논단해야 한다. 비유하자면 영웅호걸이 때를 만나면 절반의 노력으로 곱절이 능력을 발휘하겠지만, 때를 잘못 만나면 아무리 기이한 재능이 있어도 성공하기 힘든 것과 마찬가지다.

동수불능생목 봉화 부유가이설신 이즉가이조후야
凍水不能生木, 逢火, 不惟可以泄身, 而卽可以調候也

인수격(印綬格)에 정관(正官)이 있으면 관인쌍전(官印雙全)으로 귀(貴)하지 않음이 없다. 그러나 겨울철에 난 甲乙木이 인수(印綬) 水의 월령(月令)을 얻고, 庚辛金의 정관(正官)이 투(透)했다고 해도 꼭 귀한 것만은 아니다. 무릇 金은 차가워 물을 더욱 얼어붙게 만드니 동수(凍水)가 어찌 나무를 생(生)할 수 있겠는가. 이때는 식신(食神)이 투하면 귀하게 된다. 대부분의 인수격(印綬格)이 그렇지만 동목(冬木)은 특히 수기(秀氣)가 빼어나니, 이는 동목(冬木)이 불을 만나 설기(洩氣)할 뿐만 아니라 기후(氣候)가 적합해지기 때문이다.

상관견관 위화백단 이금수견지 반위수기 비관지불외 부상 이조후위급 권이용지야
傷官見官, 爲禍百端, 而金水見之, 反爲秀氣, 非官之不畏夫傷, 而調候爲急, 權而用之也

상관견관(傷官見官)이면 위화백단(僞禍百端)이라 한다. 그러나 금수상관(金水傷官)은 도리어 정관(正官)이 있어야 기

세가 수려해진다. 이것은 조후(調候)가 시급하기 때문에 쓰는 것이다.

傷官帶殺, 隨時可用, 而用之冬金, 其秀百倍

傷官佩印, 隨時可用, 而用之夏木, 其秀百倍, 火濟水, 水濟火也

상관대살(傷官帶殺)은 수시로 가용(可用)하는데 겨울철의 金은 그 수기(秀氣)가 백배에 이른다. 상관패인(傷官佩印)도 수시로 가용(可用)하는데 여름철의 木은 그 수기(秀氣)가 백배에 달하니 이것은 모두 수화기제(水火旣濟)를 이뤘기 때문이다.

傷官用財, 本爲貴格, 而用之冬水, 卽使小富, 亦多不貴, 凍水不能生木也

傷官用財, 卽爲秀氣, 而用之夏木, 貴而不心秀, 燥土不甚靈秀也

상관용재(傷官用財)는 본래가 귀격(貴格)이다. 그러나 겨울철의 얼어붙은 물이 상관(傷官)에 해당되면 소부(小富)는 될

지라도 귀(貴)하기는 어렵다. 동수(凍水)는 나무를 제대로 생(生)할 수 없는 까닭이다. 상관용재(傷官用財)는 수기(秀氣)가 빼어나다. 그러나 여름철의 나무는 그리 귀하지 못하다. 말라붙은 흙이므로 크게 수려한 작용을 하지 못하는 까닭이다.

목화통명 불리견관 금수상함 견관무애
木火通明, 不利見官, 金水相涵, 見官無碍

봄의 木 일간이 火를 보면 목화통명(木火通明)이 된다. 그러나 여름철의 木을 그렇게 판단하면 안 된다. 가을철의 金 일간이 水를 만나면 금수상함(金水相涵)이 된다. 그러나 겨울철의 金을 그렇게 보면 안 된다. 기(氣)에는 쇠왕(衰旺)의 구별이 있으니, 용신(用神)을 취함에 있어서도 같지 않음이 있게 마련이다. 목화통명(木火通明)은 관성(官星)을 꺼리지만 금수상함(金水相涵)은 관성(官星)이 있어도 해롭지 않다. 목화통명(木火通明)이나 금수상함(金水相涵)의 영특함은 춘목(春木)과 추금(秋金)의 록인격(祿刃格)일 경우에만 한정되는 수식이다. 따라서 하목(夏木)이나 추금(秋金)에는 해당사항이 없다. 춘목(春木)은 火를 보아 능히 목화통명(木火通明)이 되지만, 하목(夏木)은 목분화열(木焚火熱)이 된다. 추금(秋金)은 水를 보아 능히 금수상함(金水相涵)이 되지만, 동금(冬金)은 금침수탕(金沈水蕩)이 되어 해롭다. 이들은 상관용재(傷官用

財)로 성격(成格)되어도 쓸모가 없다. 하목(夏木)은 水를 보아 상관패인(傷官佩印)이 되어야만 그 유용함이 극(極)에 달하고, 동금(冬金)은 火를 보아 상관대살(傷官帶殺)로 성격(成格)되어야만 격국(格局)이 높아진다.

❐ 조후위급(調喉爲急) 요약

계절	오행	격	내용
春(춘)	木(목)	木火通明(목화통명)	不利見官(불리견관)
	金(금)		
夏(하)	木(목)	傷官佩印(상관패인)	木火傷官喜見水(목화상관희견수), 傷官用財不貴燥土不甚靈秀(상관용재불귀조토불심령수)
	金(금)		
秋(추)	木(목)		
	金(금)	金水相涵(금수상함)	見官無礙(견관무애)
冬(동)	木(목)	寒木向陽(한목향양)	印綬用官(인수용관)이 傷官(상관), 火(화)를 見(견)해도 破格(파격)되지 않음
	金(금)	傷官帶殺(상관대살)	金水傷官喜見官(금수상관희견관), 傷官用財小富不貴凍水不能生木(상관용재소부불귀동수불능생목)

從化論[종화론]

☝ Original

*真

종득진자지론종, 종신우유길화흉
從得眞者只論從, 從神又有吉和凶.

화득진자지론화, 화신환유기반화
化得眞者只論化, 化神還有幾般話.

*假

진종지상유기인, 가종역가발기신
眞從之象有幾人, 假從亦可發其身.

가화지인역가귀, 고아이성능출류
假化之人亦可貴, 孤兒異姓能出類.

COMMENT

종격(從格)은 다만 종(從)을 논하고, 종신(從神)에는 또한 길화흉(吉和凶)이 있다.

화격(化格)은 다만 화(化)를 논하고 화신(化神)이 환(還)할 때 기반(幾般)하여 말할 게 있다.

진종(眞從)의 상(象)은 얼마 없지만, 가종(假從)이라 해도 발신(發身)이 가능하다.

가화(假化)의 명(命) 역시 귀함이 있으며 고아이성(孤兒異姓)도 능히 출세하는 부류가 있다.

*Spectrum

많은 인사들이 종화(從化)의 진가(眞假)를 구분하는 법을 모르고, 체용(體用)의 용법에 서투르다. 이는 종래의 해설서가 극복하지 못한 한계와 '적천수'의 오의(奧義)에 더욱 다가서지 못한 후학(後學)들의 부진을 시사한다.

종득진자지론종, 종신우유길화흉
從得眞者只論從, 從神又有吉和凶.

진종(眞從)은 대운(大運)과 세월(歲月)의 희기(喜忌) 용법(用法)이 같다. 보통 일반 내격(內格)은 대운(大運)에 의해 성격(成格), 변격(變格)되어 격국(格局)이 변동되지만, 외격(外格)이 진실되면 대운(大運)에 의해 격(格)이 변(變)하는 법이 없다. 이때는 오직 종신(從神)에 따라 길흉(吉凶)이 구분되므로 從得眞者只論從이라 한 것이다. 從神又有吉和凶, 즉 종신(從神)에도 이런

길화흉(吉和凶)이 있다는 말은 대개 팔자(八字)의 조후(調喉)로 귀천(貴賤)을 재차 가리는 과정을 개입시키면 이해가 용이해진다. 그러나 조후(調喉)를 완전히 상실한 경우에도 진종(眞從)은 귀격(貴格)을 짜는 경우가 비일비재하므로, 종격(從格)은 다만 진종(眞從)과 가종(假從)의 분별로 헤아리는 것이 좋다. 화격(化格) 또한 조후(調喉)에서 자유로울 수 없는데 화염토조(火炎土燥)나 금한수냉(金寒水冷)으로 편벽(偏僻)된 팔자는 화격(化格)을 지어도 빈천(貧賤)해질 우려가 있다. 가화(假化)라면 더욱 위태할 것이다.

종격(從格)에는 진종(眞從)과 가종(假從)이 있다. 방국(方局)과 기상(氣象)의 요건을 충족하면 진종(眞從)이 되고, 방국(方局)의 요건이 결여된 채 기세(氣勢)에 종(從)하면 가종(假從)이 된다. 진종(眞從)과 가종(假從)은 같은 점이 있고, 또한 다른 점이 있다. 가장 뚜렷한 구분은 희기(喜忌)를 같이하는 세월(歲月)의 '필드'와, 달리 하는 대운(大運)의 '필드'

로 나눠지는 점에 있다. 종아(從兒)의 유형을 예로 들어 간단하게 설명한다.

❐ 종격(從格)의 행운(行運) 희기(喜忌)

眞假	八字 유형	大運 喜忌	歲月 喜忌
眞從	甲癸乙□ □卯亥□	木火 東南運을 기뻐하고, 金水 西北向을 꺼린다	木火 - 喜 土金水 - 忌
假從	甲癸乙□ □□亥□	일반 內格과 마찬가지로 用法을 취한다	木火 - 喜 土金水 - 忌

이와 같이 진종(眞從)은 대운(大運)과 세월(歲月)을 막론하고 오직 종신(從神)에 따라 희기(喜忌)를 논한다. 진종(眞從)은 방국(方局)과 기상(氣象)으로 순수(純粹)한 기운을 얻었으므로 이미 귀격(貴格)이 성립된바 대운(大運)과 세월(歲月)의 용(用)이 같은 것이다. 從得眞者只論從은 바로 이를 두고 이른 말이다. 다시 말해 진정한 종아격(從兒格)이란 팔자(八字)의 식상(食傷)이 기세(氣勢)를 득(得)하고 지지(地支)의 회국(會局)을 이룬 것을 말한다. 진종(眞從)이 구성되면 대운(大運)에 의해 격국(格局)이 변격(變格)되는 법이 없고, 대운(大

運)과 세월(歲月)을 막론하고 종신(從神)에 따라 희기(喜忌)를 취하는 법이 같은 것이다. 반면 방국(方局)을 얻지 못하고, 기세(氣勢)만 얻은 경우에도 일단 종격(從格)으로 구분하게 되는데 이때가 바로 가종(假從)이다. 가종격(假從格)은 대운(大運)에서 일반 내격(內格)과 마찬가지로 성격(成格)되기도 하고, 변격(變格)되기도 하면서 격국(格局)의 성패(成敗)가 좌우된다. 반면 세월(歲月)의 희기(喜忌) 용법은 진종(眞從)과 마찬가지로 종신(從神)을 따르는 것이다. 한마디로 '진소암'은 체(體: 대운)와 용(用: 세월)의 구분에 따라 같고, 달라지는 격국(格局)의 이치를 몰랐다. '서락오'도 '적천수보주'에서 완성했다고 자부한 체용론(體用論)에서 이점을 간과했다. 이후 체용(體用) 용법의 분할에 따라 격국(格局)을 세분하는 이론은 더 이상 진전되지 못하고, 오히려 고법(古法) 시대보다 퇴보된 결과로 이어졌다. '서락오'의 이론체계에 가장 부정적인 관점을 피력하는 투파(透派) 역시 체용론(體用論)을 진보시키지 못하고 각론(各論)의 오류만 지적하는 현상만 보였을 뿐이다. 체용(體用)을 간과하고 격국(格局)을 구분하는 원칙은 바로 세워지지 않으므로 오늘날 종화(從化)의 외격(外格) 자체를 부정하는 부류마저 탄생시켰다. 이는 명리(命理)를 너무 몰라서 나타나는 현상이다.

잡격(雜格) 일체를 부정한 대목도 체용(體用)을 이해하지 못한 결과다. 가령 암충암합격(暗沖暗合格)은 대운(大運) 체신(體神)의 영역에서는 일반 내격(內格)과 같은 이치로 적용된다. 팔자(八字)에 재관(財官)이 없다가 대운(大運)에서 재관(財官)을 보게 되면 일반 내격(內格)과 같이 재관(財官)을 용(用)하여 성격(成格)되기도 하는 것이다. 이런 현상을 두고 “전실(塡實)되었는데 왜 흉(凶)하지 않는가”라고 주장한다면 잡격(雜格)이 왜 잡격(雜格)인지도 몰라서 하는 얘기다. 잡격(雜格)이 전실(專實)로 인해 불리해지는 현상은 세월(歲月) 용(用)의 영역에서만 한정되는 얘기다. ‘진소암’이 암충암합(暗沖暗合)의 무용론(無用論)을 펼치며 실례로 든 팔자(八字)의 설명도 대운(大運)과 세월(歲月)의 체용(體用) 용법의 차이를 구분하지 못하는 무지(無知)를 여실히 드러낸 바에 지나지 않는다. ‘심효첨’도 그러했고, 당시의 대가(大家)들은 체용(體用) 분할 지식의 한계를 보였다. 근세(近世) ‘서락오’에 이르러 체용론(體用論) 일반은 진전되었지만, 혁신(革新)은 이뤄지지 않았고 이제야말로 3세기 동안의 정체를 벗어나는 선진 이론 체계를 구축하는 때에 이른 것이다. 팔자학(八字學)의 변혁(變革) 역사는 과거에도 그러했다. 결론적으로 대운(大運)과 세월(歲月)의 체용(體用) 구분이 적확하지 않으면 팔자(八字)의 격국(格局)은 내격(內格)과 제한된 외격(外格)으로 밖에 구분될 수 없다. 그러나 대운(大運)과 세월(歲月)의 용법(用法)을 구분하면 외격(外格)은 진가(眞假)와 잡격(雜格)으로 한층 더 세분화되기 마련이다. 외격(外格)은 희기(喜忌)의 용법이 특수하므로 반드시 가려 취함이 마땅하다.

✍ Note

종화론(從化論), 기세(氣勢)와 진가(眞假)

가령 다음과 같은 팔자의 유형이 있다고 치자.

火 水 火 火
金 火 未 火

이것은 水가 火에 종(從)한 것이다. 정확히는 火의 세(勢)에 종(從)한 것이다. 종재(從財)지만, 진종(眞從)은 아니다. 따라서 가종(假從)이다. 그런데 午月이라면,

火 水 火 火
金 火 午 火

월령(月令)을 득(得)하요 기세(氣勢)을 얻었지만, 진종(眞

從)의 귀격(貴格)을 확정짓기에는 모자람이 있다. 무릇 진종(眞從)을 논하려면 사지(四支)의 온전한 국(局), 즉 화국(火局)을 요(要)한다.

火 水 火 火
金 火 午 戌

午月에 지지(地支) 화국(火局)을 지으면 비로소 水가 火의 기세(氣勢)와 방국(方局)의 순일(純一)한 기운에 종(從)한 것이다. 진종(眞從)과 가종(假從)은 같고, 다른 점이 있다. 같은 점은 둘 다 종신(從神) 火를 기뻐하는 종격(從格)이란 것이다. 다만 이는 세월(歲月)의 용(用)에만 한정되는 얘기다. 진종(眞從)은 火의 대운(大運)과 세운(歲運)을 모두 기뻐하지만, 가종(假從)은 火의 세운(歲運) 만을 기뻐하고, 火 대운(大運)의 향방은 미지수다. 화격(化格)도 마찬가지다.

癸 戊 火 火
丑 火 未 火

戊癸 합화(合火)는 火의 세(勢)에 종(從)하므로 화격(化格)이 성립된다. 그러나 진화(眞化)는 아니다.

癸 戊 火 火

丑 午 未 巳

이와 같이 지지(地支) 화국(火局)을 이루면 火의 기세(氣勢)에 종(從)한 것이다. 진화(眞化)에 가깝다. 세월(歲月)에서는 진화(眞化)와 가화(假化)를 막론하고, 火를 기뻐하지만 대운(大運)의 화운(火運)을 기뻐하는 것는 진화(眞化)에만 해당되는 말이다. 이때 만일 辰時 생(生)으로 화기(化氣)의 원신(元辰)이 투출(透出)되면 득령(得令), 득시(得時)하여 진정한 화격(化格)이 성립되므로 대부대귀격(大富大貴格)을 이룬다. 화격(化格)은 방국(方局)을 짓지 않아도 득령(得令), 득시(得時)의 요건으로만 진화(眞化)를 논할 때가 많다.

丙 戊 癸 □
辰 午 未 巳

이상과 같이 진종(眞從)과 가종(假從), 진화(眞化)와 가화(假化)는 일견 유사해도 다른 점이 분명하게 존재한다.

❐ 종화(從化)의 귀천(貴賤), 희기(喜忌)

眞假	貴賤	行運 喜忌
眞從	貴格	大運과 歲月 모두 從神에 順하는 運을 기뻐함
假從	大運이 주관	歲月에서만 從神에 順하는 運을 기뻐하고, 大運에서는 局運으로 眞從이 되거나, 內格으로 成格되는 運을 기뻐함
眞化	貴格	大運과 歲月 모두 化神에 順하는 運을 기뻐함
假化	大運이 주관	歲月에서만 化神에 順하는 運을 기뻐하고, 大運에서는 局運으로 眞化가 되거나, 內格으로 成格되는 運을 기뻐함

후학들이 종화론(從化論)을 어렵게 생각하는 현상은 결국 체용(體用)의 명확한 분별을 기하지 못한 현상에 연유한다. 이것은 격국(格局)을 구분하는 기준의 모호성과 행운법(行運法) 전반의 난해함을 야기했다. 종화(從化)에 대해 자평(子平)의 3대 '텍스트'가 분류한 외격(外格)의 정의를 살피면 견해차가 적지 않음을 쉽게 알 수 있다.

❒ 종화(從化)의 외격(外格) 구분

古書	內格	外格	備考
滴天髓		眞從, 假從 眞化, 假化	眞假의 喜忌 用法을 동일시하고, 大運과 歲月의 용법 차이를 只論從化로 설명
子平眞全	假從, 假化	眞從, 假從	假從, 假化란 용어 자체를 쓰지 않고 일반 內格에 準하여 취함
欄江網	假從, 假化	眞從, 假從	眞이 성립되면 大貴를 논하고, 假를 지으면 下格으로 구분

化得眞者只論化, 化神還有幾般話.

진화(眞化)는 대운(大運)과 세월(歲月)의 희기(喜忌) 용법(用法)이 같다. 오직 화신(化神)에 근거해서 길흉(吉凶)을 살피므로 化得眞者只論化라 한 것이다. 化神還有幾般話란 이미 팔자(八字)에서 화격(化格)이 성립되면 일간(日干)을 재차 합(合)해 오는 운간(運干)이 도래해도 쟁합(爭合)이나 투합(妬合)을 거론하지 않음을 의미하는 구절이다. 즉 예전의 속설에서 몇 가지 돌이켜 바로 잡아 설명한 말이 있음을 거론한 것이다.

✍ Note

화격(外格) 체용(體用) 논법

전항에서 이미 진종(眞從)과 가종(假從)의 차이를 설명한 바 있는데, 이번에는 화격(化格)을 예로 체용(體用)의 용법을 달리하는 바에 대해 살펴보겠다. 먼저 화격(化格)의 두 가지 유형을 예시한다.

진가 眞假	팔자 八字 유형
진화 眞化	□ 丁 壬 □ □ 卯 寅 辰
가화 假化	□ 壬 丁 □ □ □ 卯 □

이상은 모두 화격(化格)으로 화신(化神) 木에 순응(順應)하는 水木火의 운(運)을 기뻐한다. 丁日 생(生)은 방국(方局) 목국(木局)을 얻어 진화(眞化)로 대운(大運)과 세월(歲月)을 막론하고 희신(喜神)이 같다. 반면 기세(氣勢)만 얻은 壬日 생(生)은 가화격(假化格)으로 세월(歲月), 용(用)의 영역에서만 水木火 운(運)을 기뻐할 뿐 대운(大運)에서는 운(運)의 간지(干支) 작용에 따라 격(格)이 변한다. 그러므로 丁日 생(生)은 팔자(八字) 원국(元局) 차체로 귀(貴)를 논할 수 있지만, 壬日 생(生)은 팔자(八字) 자체로는 귀(貴)를 논할 수 없고, 대운(大運)에 따라 귀천(貴賤)이 갈리는 것이다. 만일 대운(大運)의 亥를 만나면 목국(木局)이 되어 진화(眞化)로 변모하므로 성운(盛運)을 맞이하기 쉽다. 다른 경우로 가령 壬申日에 대운(大運)에서 경운(庚運)을 맞이했다고 치면,

□ 壬 丁 □ ← 庚
□ 申 卯 □

일반 내격(內格)과 같이 희기(喜忌)를 취하므로 상관패인(傷官佩印)으로 변격(變格)되는 것이다. 이때 용신(用神) 庚金 인수(印綬)는 丁火에 의해 상(傷)하므로 성중유패(成中有敗)의 불리한 상황을 시사한다. 종격(從格)이나 일행득기(一行得氣)도 보는 법이 마찬가지다. 진가(眞假)를 가려 대운(大

運)과 세월(歲月)을 보는 법을 달리 적용하면 실상에서 어긋남이 없을 것이다.

화격(化格)의 순도(純度)와 가화(假化), 불화(不化)

1. 화기(化氣)가 월령(月令)을 얻고 회국(會局)을 지으면 진화(眞化)로 귀격(貴格)이 성립될 가능성이 매우 높다. 이때는 대운(大運)과 세월(歲月)을 막론하고 수운(水運)에 순응(順應)해야 좋다.

辛 丙 □ □
□ 申 子 辰

2. 화기(化氣)가 계절을 얻지 못하고, 회국(會局)으로만 득령(得令)해도 진화(眞化)로 귀격(貴格)이 성립되기 쉽지만, 순도(純度)은 약간 떨어진다. 대운(大運)과 세월(歲月)을 막론하고 수운(水運)에 순응(順應)해야 좋다.

辛 丙 □ □
□ 子 辰 □

3. 화기(化氣)가 월령(月令)만 득(得)했다면 화격(化格)은 성립되지만 그 자체로 귀격(貴格)을 단언할 수 없다. 즉 지

지(地支)의 회국(會局)이 성립되지 않는 한 진화(眞化)는 아니다. 대운(大運)에서는 격국(格局)의 변화를 살펴 희기(喜忌)를 가리고, 세월(歲月)에서는 수운(水運)에 순응(順應)해야 좋다.

辛 丙 □ □
□ □ 子 □

반복해서 설명하자면, '1'과 '3'은 같은 子月 丙火지만 '1'은 고서(古書)가 말하는 외격(外格)에 속하는 반면, '3'은 외격(外格)으로 성립시키지 않는 차이점이 있다. 물론 '적천수'는 내격(內格)과 외격(外格)의 양분법을 견지하므로 화상(化象)만 이루어도 외격(外格)에 속한다. 반면 '자평진전'이나 '난강망'이 거론하는 화격(化格)의 성립은 보다 엄격하다. 즉 화출(化出)한 것이 반드시 득시(得時), 병령(秉令)해야 하고 사지(四支)의 국(局)이 완전해야만 한다. 가령 丁壬합화목(合化木)이 지지(地支)에서 亥卯未나 寅卯辰을 온전하게 갖추고 봄에 출생해야만 외격(外格)으로 구분하고 대부귀(大富貴)의 높은 가능성을 논한다. 이것은 종격(從格)이나 일행득기(一行得氣)와 같은 독상(獨象)의 경우도 마찬가지다. 사지(四支)의 국(局)이 완전해야만 외격(外格)으로 분류한다. 가령 종재격(從財格)도 지지(地支)의 재국(財局)을 보아야만 기명종재(棄

命從財)를 논하는 식이다. 이 대목은 행운법(行運法)과 관련하여 무척 중요한 점을 시사한다. 위에 언급한 '1', '2', '3'의 세 가지 팔자 유형은 모두 화수격(化水格)이 성립되는 이상, 대개 金水木의 인비식운(印比食運)을 기뻐할 것이다. 그런데 이점은 세월(歲月)의 성패와 관련된 것이지, 대운법(大運法)에서는 전혀 다른 차원에서 운용되는 점을 알아야 한다. 이 또한 체용(體用)의 명확한 분할과 관련된 논법(論法)으로 종래의 학습서들이 바른 설명을 기하지 못했으므로 팔자술(八字術) 실전에서 후학들의 혼란을 막지 못했다. 결론적으로 고서(古書) 일반이 규정한 외격(外格)이 성립되면 대운(大運)과 세월(歲月)을 막론하고 기세(氣勢)에 순종해야지, 거스르는 운(運)은 흉(凶)하다. 원시(原詩)의 '지론종(只論從), 지론화(只論化)'는 바로 이점을 말한 것이다. 그러나 '3'의 유형과 같이 외격(外格) 체계로 확실히 구분되지 못하는 유형은 대운(大運)에 의해 격국(格局)이 변격(變格)되어 성패(成敗)의 변화를 겪게 되므로 세월(歲月)의 용법에 한해서만 기세(氣勢)에 순응하는 운(運)을 기뻐한다고 볼 수 있다. 다시 말해 '적천수'가 구분한 외격(外格)과 종래 일반의 외격(外格)은 정의가 다르다. 따라서 '적천수적요(滴天髓摘要)'에 언급한 종격(從格)이나 화격(化格)을 모두 고서(古書)의 외격(外格) 일반으로 이해하면 곤란하다. 다만, 세월(歲月)의 성패

(成敗)를 분간하는 이법(理法) 측면에서 '1', '2', '3'의 유형이 모두 일치하므로 '적천수적요'는 고서(古書)의 외격론(外格論)에서 확장된 종화론(從化論)을 견지한 것이다. '서락오' 이후 '워천리'에 이르기까지 근세의 술가(術家)들이 선명한 종화론(從化論)을 제시하지 못한 연유는 모두 체용(體用)의 분간이 미흡했기 때문이다. 이 부분에 대한 상세한 설명은 체용론(體用論)에서 전개하고 있다.

4. 화기(化氣)를 거스르는 글자가 나타나면 가화(假化)가 된다. 가화(假化) 역시 화격(化格)에 속하므로 세월(歲月)의 희기(喜忌) 용법은 동일하다. 대운(大運)에서는 격국(格局)의 변화를 살펴 희기(喜忌)를 가리고, 세월(歲月)에서는 수운(水運)에 순응(順應)해야 좋다.

辛 丙 戊 □
□ □ 子 □

5. 화기(化氣)를 거스르는 글자가 통근(通根)해서 출간(出干)하여 현저한 세력을 지니면 화격(化格) 자체가 성립되지 않으므로 내격(內格) 일반의 희기(喜忌)를 취한다.

辛 丙 戊 □
□ □ 子 戌

투파(透派)는 화기(化氣)가 일단 계절을 얻은 이상, 가화격(假化格)으로 규정하고, 丙火 일간(日干)을 壬水로 전환한 후에 내격(內格) 일반의 희기(喜忌)를 취하는 독특한 방식을 선보이고 있는데 실상과의 부합 여부는 의문이다.

6. 한편 월령(月令)을 득(得)하지 못해도 가화격(假化格)을 논하는 사례가 있다. 팔자의 전체 글자가 화기(火氣) 오행(五行)을 거스르지 않으면 화격(化格)으로 간주하는 관법 일종이다. 가령 다음과 같은 예다. 대운(大運)에서는 격국(格局)의 변화를 살펴 희기(喜忌)를 가리고, 세월(歲月)에서는 수운(水運)에 순응(順應)해야 좋다.

辛 丙 辛 丙
卯 子 卯 子

차명(此命)은 '명리요강'에서 화격(化格)의 사례로 예시된 팔자(八字)다. 이와 같이 화(化) 오행(五行)이 반드시 월령(月令)을 득(得)하지 않아도 화기(化氣)를 거스르는 기운이 없는 한, 화격(化格)이 성립된다는 것이다. 이것은 기세(氣勢) 양면을 고려하지 않고, 오직 세(歲)에만 충실한 관점인데, '서락오' 이후 '위천리'에 이르기까지 명리(命理)의 기학(氣學)이 도외시되고 이법(理法)적 측면만 강조된 현상에 연유한다.

따라서 卯月 丙火의 팔자는 화격(化格)의 일반적 정의에 벗어난다. 그러나 '적천수적요'는 이 같은 유형의 팔자를 화격(化格)에 준하여 희기(喜忌)를 취했다. 왜냐하면 세월(歲月), 용(用)의 범주에서 희기(喜忌)는 '세(勢)의 부억(扶抑)' 논리로만 통하기 때문이다. 한마디로 종세(從勢)한다는 얘기다. 단 기세(氣勢)를 다 같이 고려했을 때 진화(眞化)에는 턱없이 미치지 못하므로 귀격(貴格)과는 거리가 멀다. 결과적으로 화격(化格)의 귀천(貴賤)을 가릴 수 있고, 대운(大運)과 세월(歲月)의 희기(喜忌)를 차별하여 운용할 수 있다면 체용(體用)을 이해한 것으로 볼 수 있다.

진종지상유기인 가종역가발기신
眞從之象有幾人, 假從亦可發其身.

가종격(假從格)은 두 가지 유형으로 나눌 수 있다. 하나는 지지(地支)의 방국(方局)이 결여된 경우고, 또 하나는 팔자(八字)의 천간(天干)에 종신(從神)을 거스르는 미약한 세력의 글자가 투(透)한 경우를 말한다. 이때 대운(大運)에서 운간(運干)이 기신(忌神)을 합거(合去)하여 탁기(濁氣)를 제거하거나, 혹은 운지(運支)의 회지(會支)로 진종(眞從)의 상(象)을 갖추게 되면 역시 발신(發身)을 논할 수 있다. 이외는 일반 내격(內格)으로 취하여 성격(成格)되는 운(運)을 기뻐한다. 무릇 진종(眞從)은 대운(大運)에 의해 변격(變格)되는 법이 없지만, 가종(假從)은 대운(大運)에 따라 격국(格局)이 변동되는 것이다.

✍ Note

이하는 '적천수적요'에서 발췌한 종화(從化) 및 부종(不從), 불화(不化)의 내격(內格) 구분을 연습하는 명례(命例)들이다. 명례 '1'에서 '8'까지는 '사주추명술오의'에서 인용했다.

1. 不從 內格

戊 庚 丙 丁
寅 午 午 卯

丙丁火之氣勢太旺, 日干庚金無根, 故似爲從殺格, 但是內格之偏官格.

如此, 陽干有天干印星(戊土)出, 則幾乎不能成爲從格.

丙丁火의 기세(氣勢)가 태왕하고 일간(日干) 庚金의 뿌리가 없으니 종살격(從殺格)이 될 법하나 戊土 인수(印綬)가 투(透)하여 내격(內格), 편관격(偏官格)이다.

2. 不從 內格

辛 乙 辛 癸

巳 丑 酉 酉

如上述之例, 乙木日干, 因透出印星癸水, 而不從。
但陰日主之天干印星, 必須通根於地支, 才可不從。

인수(印綬) 癸水가 투(透)하여 종격(從格)이 성립되지 않는다. 살격용인(殺格用印)으로 성격(成格)된 팔자다.

3. 眞從 外格

丙 壬 甲 戊

午 戌 寅 辰

巨富之命, 從財格. 形成寅午戌三合局而透丙, 很難違逆其勢.
對此可以懷疑, 壬水陽日干通根於辰土, 如何成爲從命?
雖爲陽干日主, 若不得月令, 天干無印星, 則可從. 故判斷身弱命之從格與否時, 印星爲主要判斷根.

지지(地支) 화국(火局)에 火를 거스르는 세력이 없어 진종(眞從), 부호(富豪)의 팔자.

4. 不從 內格

甲 辛 乙 戊
午 亥 卯 寅

雖印星戊土透干, 被孤立, 不能圓滿生扶辛日干(陰干), 故形成無情之關係. 如此, 印星與日干離隔時, 較容易從, 但旣然戊土印星通根而透, 必須驗證過去之事.

亥卯 목국(木局)으로 기세(氣勢)가 재(財)로 종(從)했지만, 戊土 인수(印綬)로 인해 종격(從格)이 성립되기 어렵다. 재격투인(財格透印)의 내격(內格)으로 간주하는 것이 일반적이다.

5. 假從

丁 庚 丁 甲
亥 寅 卯 戌

從殺格之命.「透派」對此造之觀點是, 地支寅亥合, 卯戌合, 天干木火之根失去作用, 則假從. 筆者認爲, 地支合, 不失去其成分, 故稱之爲眞從, 也無妨.

有關「支合」, 我與透派之觀點較有所歧異. 地支六合使地支固有成分稍微冲淡, 而使通根於此地支的天干稍微無力, 但不似

「六冲」其力量大受損傷.

투파(透派)의 관점에서는 지지(地支) 육합(六合)이 가종(假從)을 상정하는 요인이 되지만, 지지(地支) 회국(會局)을 이루지 못하고 오직 세(勢)에 종(從)했으므로 가종(假從)이다. 종재격(從財格)이다.

6. 眞從 外格

乙 己 丁 壬
亥 卯 未 寅

因丁壬合, 成爲從殺命, 假從. 有關天干合, 不應採用其化之五行, 因天干合之二字完全失去其作用之故. 例如, 對於甲己合, 以甲與己之作用完全消失之觀點, 論命爲妥當. 取格局或論行運時也同樣, 此一觀點是非常重要.

以天干合之化神, 取用神之方法, 爲絶不可有之事.

並日干合, 除了化格成格之時以外, 絶不合化.

인수(印綬) 丁火로 인해 가종(假從)으로 분류할 수도 있지만, 壬丁 합(合)으로 기반(羈絆)되고, 지지(地支) 목국(木局)을 보아 능히 종살격(從殺格)을 이룬다. 이만하면 진종(眞從) 외격(外格)으로 분류하는 게 타당하다.

7. 眞化

甲 壬 丁 甲

辰 辰 卯 戌

壬丁合, 卯月出生, 天干無違逆木五行之字, 因天干無財官土金. 故能化格成格.

此時, 有關地支之辰與戌, 要如何解釋?

無透在天干之地支, 其力微弱, 不能成爲取格局時所考慮之對像. 雖然微弱, 反正有違逆化神(木)之勢, 故列爲假化命.

卯月 생(生)으로 했으며 壬丁 합화(合化) 목기(木氣)는 월령(月令)을 득(得)했다. 또한 辰土를 얻어 화신(化神)의 원신(元神)이 나타나므로 진화(眞化)로 볼 수 있다.

8. 不化 內格

辛 丙 戊 庚

卯 寅 子 戌

丙辛合水, 子月出生, 因有違逆水勢之官星戊土, 通根而透, 不能成爲化格. 若官星戊土無根, 就可成爲假化格.

對於此造, 先賢張耀文規定爲假化, 與筆者有所歧異, 並指出,將此造可以改換爲, 庚戌年, 戊子月, 壬寅日, 癸卯時之八字. 但筆者認爲, 較難接受之.

對於從格與化格, 論六親之助力, 較不容易. 此時, 先要考慮「根苗花實論」, 則依各柱之喜忌, 而判斷六親之喜忌. 但從旺格, 雖比劫爲喜神, 但有時其兄弟貧賤又無助力. 對此, 要以論十干互相關係之「十干推論法」, 予以解釋. 有關六親之諸多論法, 我將在「六親論篇」, 再加以解釋.

수기(水氣)를 제복(制伏) 戊土의 출간(出干)으로 불화(不化)의 팔자다. 투파(透派)의 견해는 월령(月令)을 득(得)한 이상, 가화(假化)로 규정하여 차명(此命)을 '庚戌年 戊子月 壬寅日 癸卯時'로 보면 타당하다고 설명한다.

以下命例9至12, 出自先賢任鐵樵之「滴天髓闡微」. 有關取格局之方法, 與本書略有所不同.

이하 '9'에서 '12'까지의 명례(命例)는 '적천수천미'에서 인용했다.

9. 眞從 外格

丙 庚 壬 丁

戌 午 寅 卯

<滴天髓闡微>之眞從之例. 因壬丁合成爲從格, 嚴密說來, 要以假從論之, 但以眞從論, 也無大碍.

지지(地支) 화국(火局)으로 관살(官殺)의 기세(氣勢)에 종(從)하는 진종(眞從), 종살격(從殺格)이다.

10. 眞從 外格

乙 乙 辛 辛
酉 酉 丑 巳

乙木無根, 木勢太弱, 而不能違逆金勢之從殺格.

지지(地支) 금국(金局)으로 관살(官殺)의 기세(氣勢)에 종(從)하는 진종(眞從), 종살격(從殺格)이다.

11. 假從

甲 癸 壬 丙
寅 巳 辰 戌

辰戌冲, 傷到壬癸水之根, 而成爲從財格. 先賢任鐵樵論此命爲從殺, 但與辰土, 戌土之官殺相比, 通根於日支, 時支的丙火(財星), 其勢力更强, 故論爲從財格, 爲合理.

假從之條件爲, 因干合或支冲成爲從格, 或有違逆「從之五行」之微弱天干或地支(無透在天干).

辰月 癸水가 인수(印綬)의 생부(生扶)를 잃고, 식재관(食財官)의 세(勢)에 종(從)했다. 가종(假從)으로 세월(歲月)에서는 재운(財運)을 기뻐하지만, 대운(大運)의 희기(喜忌) 잘 가려 취해야 한다. 진정한 외격(外格)으로는 성립되지 않으므로 귀격(貴格)을 단언할 수 없다.

12. 假化

己 甲 甲 己
巳 子 戌 卯

地支子水與年支卯木無透干, 其勢力微弱, 不可違逆化神土。月干甲木也與年干己土合, 失去其作用, 故成爲假化格.

如此, 地支正氣不透, 或浮干(無根), 其力量太弱, 對命造之强弱或取格, 無甚作用. 雖爲月支也與此相同, 分辨內格之身强身弱是, 其作用無所不同.

甲己 합토(合土)가 戌土를 보아 가화격(假化格)이다. 지지(地支)에 토국(土局)을 이루었다면 가색(稼穡)의 귀격(貴格)이 성립되었을 것이다.

13. 不化 內格

己 甲 乙 己
巳 子 亥 卯

出自近賢徐樂吾之<滴天髓補註>, 論之爲假化命. 但, 違逆化神土之乙木通根於年支, 月支, 故不能成爲化格.

'적천수보주'에 가화(假化)로 설명된 팔자지만, 지지(地支) 목국(木局)으로 화격(化格)이 성립되지 않는다. 가화(假化)를 화격(化格)이 아닌 것으로 정의한다면 모르되, 일반적인 가화격(假化格)의 범주에서 벗어난다.

14. 眞化 外格

戊 癸 甲 甲
午 巳 寅 戌

出自<三命通會>, 化像之例, 明顯是化格.

'삼명통회'에서 화상(化像)의 예로 든 화격(化格)의 팔자다. 진화(眞化)의 귀격(貴格)으로 보자면, 지지(地支)의 화국(火局) 여부가 관건인데, 천간(天干)에 丙丁火가 투(透)하거나, 화기(火氣)가 형성되면 寅戌도 화국(火局)으로 보는 견해가 우세하다. '천간(天干)의 유인력' 일종으로 볼 수 있다. 한편 '삼명통회'는 이격된 글자의 삼합(三合)도 취하므로 확연한 화격(化格)으로 간주한다.

15. 假從

丁 癸 丙 癸
巳 亥 辰 酉

出自<四柱精說>(韓國「明文堂」出版), 論之爲內格身弱命, 用年干癸水.

但丙丁火失去其根而力量微弱, 而成爲水之從旺格, 用癸水. 但, 嚴密說來, 此造成爲只透出癸水之「一行得氣格」, 故喜食傷之氣. 乃與從旺格有所分別.

'사주정설'에 내격(內格)의 신약(身弱)으로 癸水를 용(用)하는 팔자로 설명된다. 그러나 팔자는 癸水만이 오직 통근(通根)하여 세력이 왕(旺)하므로 강왕격(强旺格)에 속한다. 팔자는 인비(印比)를 기뻐하는 일종의 가종(假從)이다. 만일 지지(地支)에 수국(水局)을 지으면 윤하격(潤下格)의 屬象(속상)으로 귀격(貴格)이 확정되기 쉽다.

16. 眞從 外格

癸 壬 辛 辛
卯 寅 丑 巳

也是出自<四柱精說>(韓國「明文堂」出版), 論之爲內格身弱命, 用辛金.

如前所述, 地支丑土與寅木不透, 其力甚弱, 故成爲金水從格, 喜金水之命.

'사주정설'에 또한 신약(身弱)의 내격(內格)으로 설명된 팔자인데, 어이가 없는 설명이다. 신약격(身弱格)이어서 辛金을 용신(用神)으로 정하는 게 아니라, 金水로 세력이 종(從)한 종강격(從强格)이다.

17. 假化

辛 丙 辛 丙
卯 子 卯 子

出自<命理要綱>(韓國出版), 化格之例, 年月丙辛合, 而成爲假化格.

如此, 化神之五行, 雖無得令, 只無違逆化神之氣, 就可成爲化格.

'명리요강'에서 화격(化格)의 사례로 예시된 팔자. 이것은 오직 세(勢)로만 논한 것으로 엄밀히 따지면 화(化)를 거론하기 어렵다. 그러나 세월(歲月)의 희기(喜忌) 용법은 기(氣)가 아닌 세(勢)로 판단하므로 수운(水運)이 유리하다. 기세(氣勢)에 따른 것이 아니므로 진화(眞化)의 귀격(貴格)은 될 수 없고, '위천리'나 역자의 안목이 이점을 고려하고 있는지는 의문이다.

假化之人亦可貴, 孤兒異姓能出類.

假化之人亦可貴란 假從亦可發其身과 마찬가지의 의미다. 대운(大運)에 의해 지지(地支)의 방국(方局)을 얻어 진화(眞化)로 변모하거나, 운간(運干)이 기신(忌神)을 합거(合去)하여 탁기(濁氣)를 제거하면 능히 귀(貴)함을 누릴 수 있다. 이것은 마치 孤兒異姓이 능히 출세(出世)하기도 하는 것과 같은 현상이다.

✍ Note

전체 격국(格局) 구분의 기준

격국(格局)를 구분하는 기준과 명칭에 대해 확실히 해둘 필요가 있다. 선학(先學)들의 설명에서 약간 미진한 부분이나 견해의 차이가 나타나기 때문이다. 격(格)을 정하는 것은 추명술(推命術)의 첫 관문과 같으므로 대강 넘어갈 대목이 아니다. '팔자술 파이널블로'를 통해 최종적으로 수립된 격국(格局) 구분의 내용을 살펴보겠다.

1. 격(格)을 대략 양분하면 내격(內格)과 외격(外格)으로 구분된다.

내 격 內格	월 지　　　　　　　　　　　격 국 月支에 근거해서 정해지는 格局
외 격 外格	월 지　　　　　　　　　　　　　　　　　격 국 月支 이 외의 요소가 작용해서 정해지는 格局

내외(內外)란 격(格)을 "월지(月支) 안(內)에서 구하느냐, 아니면 밖(外)에서 구하느냐"로 구분되는 개념이다. 엄격하게는 월지(月支) 이 외의 요소가 작용해서 정해지는 격(格)이 외격(外格)이 된다.

2. 부억(扶抑)의 일반적 법칙의 적용 여부에 따라 정격(正格)과 변격(變格), 별격(別格)으로 구분된다.

正格	强하면 剋洩하고, 弱하면 扶助하는 格局	內格
變格	한쪽의 氣勢로 從하는 格局	從格
別格	일반적 扶抑 喜忌 관계의 틀을 벗어나는 格局	化格, 祿刃格, 兩神成象, 一行得氣 등

보통 팔자(八字)는 강약(强弱)에 따라 인비(印比)를 기뻐하거나 식재관(食財官)을 기뻐하거나 둘 중 하나의 현상으로 귀착된다. 이와 같이 양분되는 희기군(喜忌群)의 경계를 넘어서면 별격(別格)으로 분류하게 된다. 가령 상생(相生)의 양신성상격(兩神成相格)은 비식(比食)을 기뻐한다. 비겁(比劫)과 식상(食傷)을 공히 기뻐하는 현상은 '인비(印比) 대 식재관(食財官)'으로 구분되는 일반적 틀을 넘어선 것으로 별격(別格)에 속하는 것이다. 한편 '자평진전'은 대운(大運)에 의해 격국(格局)의 성패(成敗)가 달라지는 현상을 두고 변격(變格)으로 표현하는데, 위의 변격(變格)과 의미를 혼동해선 곤란하다.

3. 외격(外格)은 팔자(八字) 원국(元局)에서 정해지는 격(格)과 세월(歲月)의 용법(用法)으로 구분되는 격(格)이 있다. 전자는 기세(氣勢)와 방국(方局)으로 논하고, 후자는 팔자(八字)의 구성과 허자(虛字)로 논한다. 편의상 전자는 외격(外格), 후자는 잡격(雜格)으로 구분한다.

❐ 외격(外格) 구분

구분	유형	體用 용법
外格	眞從, 眞化, 一行得氣, 從氣, 兩神成相, 三象	大運과 歲月의 喜忌가 같음
	假從, 假化	大運의 喜忌 취용은 內格과 동일, 歲月의 喜忌는 從神과 化神 위주
雜格	暗沖暗合 ☝ 八字에 없는 財官을 허공에서 불러 쓰는 격	大運의 喜忌 취용은 內格과 동일, 歲月의 喜忌는 塡實과 刑沖 기피
	祿貴刃虛 ☝ 地支의 어느 특정한 글자가 傷害되는 것을 기피하는 격	大運의 喜忌 취용은 內格과 동일, 歲月은 특정 地支의 글자 刑沖 기피

'자평진전'은 외격(外格) 전체를 잡격(雜格)으로 취하고, 여타의 서책은 일반적 외격(外格)의 형태를 벗어난 경우에 잡격(雜格)을 쓴다. 명리(命理)의 3대 텍스트는 '난강망'과 '자평진전'이 일부 내용을 수용한 반면, '적천수' 잡격(雜格)을 취하지 않았다. 한편 하나의 격국(格局)이 어느 한 가지 형태의 격(格)으로 분류되지 않는 경우도 있다. 가령 양인격(陽刃格) 같은 경우에 팔자(八字)의 관살(官殺)을 용(用)하면 내격(內格)으로 분류되고, 관살(官殺)이 없으면 별격(別格)으로 분류된다. 이때 지지(地支)의 인(刃)은 글자 자체가 화난비수(禍難悲愁)의 작용과 관련이 깊으므로 유독 이 글자가 형충(刑沖)됨을 기피하기에 잡격(雜格)으로 분류하기도 한다. 재차 강조하건대, 지지(地支) 형충(刑沖)의 불리한 작용력은 체신(體神)의 '필드'인 대운(大運)에서는 거론하지 않고, 동적(動的)인 용(用)의 '필드'인 세월(歲月)에서만 논하는 것이다. 따라서 잡격(雜格) 일체는 모두 세월(歲月)의 범주에서 희기(喜忌)를 조율하는 것이다.

歲運論[세운론]

☝ Original

休咎係乎運, 尤係乎歲, 衝戰視基孰降, 和好視其孰切.

✌ COMMENT

휴구(休咎)는 운(運)에 관계(關係)되는데 특히 태세(太歲)과 관계(關係)하고, 충전(衝戰)은 어느 것이 항복(降伏)함을 시(視)하며 화호(和好)는 어느 것이 절(切)되는지를 시(視)해야 한다.

*Spectrum

休咎係乎運, 尤係乎歲, 衝戰視其孰降, 和好視其孰切.

'적천수'가 세운(歲運)을 하나의 '챕터'로 다루는 점은 특별하다. 원시(原詩)는 태세(太歲)가 휴구(休咎)와 특히 관련이 깊다고 했다. 休咎란 길흉화복(吉凶禍福)으로 대운(大運)보다는 세월(歲月)에서 특별히 좌우되는 바를 확고히 했다. 즉 休咎尤係乎歲란 비록 대운(大運)이 바람직할지라도 세월(歲月)의 衝戰和好에 따라 용이하지 않음을 실감할 때가 많다는 것을 의미한다. 그러므로 팔자(八字)의 부귀(富貴)가 원국(元局)과 대운(大運)의 체신(體神)에 달렸다 해도 세운(歲運)에서 얼마든지 걸려 넘어질 수 있다는 얘기다.

일설에는 命好不如運好라 해서, 이른바 명(命)이 좋은 것이 운(運)이 좋은 것만 못하다는 말이 있다. 그렇다면 '적천수'는 休咎에 通昌을 덧붙였을 것이다. 이는 실로 체용(體用)의 무게중심이 어디에 있는지 몰라서 하는 소리다. 衝戰視其孰降과 和好視其孰切에서 降하고 切되는 글자는 어디까지나 팔자(八字) 원국(元局)의 체신(體神)을 위주로 해서 논하는 것이다. 이를테면 부억용신(扶抑用神)이 되는 운간(運干)보다, 팔자(八字)의 기신(忌神)을 제거하는 간합운(干合運)이 더 좋은 것이다. 또 지지(地支)의 충(沖)으로 인해 개고(開庫)된 장간(藏干)이 팔자(八字)의 기신(忌神)을 제거해 주는 게 좋다. 이때 충(沖)으로 인해 기물(器物)이 파괴되는 지지(地支)의 글자도 그것이 운지(運支)일 경우에는 백번 이로우나, 팔자(八字)의 지지(地支)라면 손실(損失)을 면치 못한다.

衝戰和好에 대해 '진소암'은 衝戰은 지충(支沖)과 간극(干剋)이고, 和는 간합(干合)과 지합(支合), 그리고 好는 동기(同氣)의 운(運)으로 구분해서 설명한다. 그러나 和好視其孰切의 의미를 감안한다면 和好는 지합(支合)과 간합(干合)을 말하는 것으로 봐야 옳다고 생각한다. 무릇 衝戰이 되면 응당 운(運)의 간지(干支)가 항복(降伏)함이 마땅하고, 和好 또한 운(運)의 간지(干支)가 절(切)될 때 무리가 없다. 그러나 衝戰和好의 현상이 명주(命主)에 이로운 방향으로만 진행되는 경우는 몹시 드물기에 어떤 형태로든 성패희기(成敗喜忌)의 변화가 나타나기 마련이다.

용렬(庸劣)한 위인들은 생극제화(生剋制化)에 따른 오행(五行)의 희기(喜忌)로만 한해의 성패(成敗)를 마치 두부를 자르듯 판단하는데, 어찌 그것이 다가 될 수 있겠는가. 예컨대 부친(父親)이 수(壽)를 다하고, 집을 구입했다면 재적(財的) 성취를 논할 수 있는가. 혹은 매관(賣官)으로 직위를 구했다면 관적(官的) 성취인가, 재패(財敗)인가. 처(妻)를 잃고, 아들을 얻으면 그것이 득(得)인가, 실(失)인가. 실제로는 이보다 훨씬 복잡하게 전개되는 한해의 '히스토리'를 알량한 부억(扶抑)의 이치로만 다 헤아릴 생각은 애당초 접는 게 옳다. 간지(干支)와 물상(物象), 유형과 무형의 성패(成敗), 득실(得失), 길흉(吉凶) 전반을 팔자술(八字術)은 모두 '커버'하는데 이 모두는 간지(干支)의 작용에 달렸다. 기존의 각종 팔자서(八字書)를 통독(通讀)하면서 늘 답답하게 여기기로 운로(運路)에서 간지(干支)를 구분하여 각각의 중요성을 명확하게 구분해서 개운하게 설명하는 것을 보지 못했다. 보통 대운(大運)은 지지(地支)가 중요하고, 세운(歲運)은 천간(天干)이 중요하다고 하는데 참으로 어설프기 짝이 없는 설명이다. 더구나 간지(干支)를 구분하여 시기를 선후(先後)로 구분하는 용법에 이르면 더 이상 할 말이 없어진다. 나아가 아직도 개두(蓋頭)와 절각(截脚)으로 한해의 득실(得失)을 계량하는 지침으로 삼는 수준이라면 향후 몇 년간은 여전히 미로(迷路)를 해맬 공산이 크다. 운간(運干)과 운지(運支)가 지니는 각각의 작용력과 연계 작용을 이해한다면 개두(蓋頭)와 절각(截脚)이 개입할 여지가 없음을 자연 깨닫게 된다.

❐ 운간(運干), 운지(運支)의 '포인트'

運(운)	主眼(주안)	干支(간지) 구분	포인트
大運(대운)	格局成敗(격국성패)	大運(대운) 運干(운간)	生剋制化(생극제화)의 理法(이법) 위주로 格(격) 局(국) 成敗(성패) 판단
		大運(대운) 運支(운지)	藏干(장간)의 調候(조후) 위주로 向方(향방)의 喜忌(희기)에 따른 貴賤(귀천) 계량
歲月(세월)	吉凶得失(길흉득실)	歲運(세운) 運干(운간)	扶抑喜神(부억희신)에 準(준)하여 당해 成(성) 敗吉凶(패길흉) 판단
		歲運(세운) 運支(운지)	刑沖會合(형충회합)의 作用(작용)으로 得失喜(득실희) 忌成敗(기성패) 조율

예컨대 팔자(八字)가 木을 기뻐하면, 막연히 甲寅과 乙卯가 좋다는 생각에 그친다면 반풍수(半風水)와 하등 다를 게 없다. 乙卯가 팔자(八字)의 庚과 합(合)이 되면 어쩔 것인가, 혹은 卯酉 충(沖)이면 어떤 반전이 있을 것인가. 또 팔자(八字)에 辛이 있으면 乙木은 과연 작용할 것인가, 卯戌 합(合)은 어떤 작용을 할 것인가. 卯酉가 충(沖)하여 개고(開庫)된 酉中 庚金이 운간(運干) 乙木을 합거(合去)하면 희신운(喜神運)을 잃은 것이다. 그러나 원국(元局)의 희신(喜神)이 기반(羈絆)되지 않은 한, 그것으로 흉패(凶敗)를 논해서는 안 된다. 이때 기상(氣象)은 패하지 않으나 원국(元局)의 酉金 기물(器物)은 파괴되어 물실(物失)이나 육친궁(六親宮)에 손상을 입을 수 있다. 반면 卯木의 유입(流入)은 순조로워 득(得)이 있을 것이다. 팔자(八字)에 辛이 있으면 乙木은 항복(降伏)하므로 용(用)을 다하지 못한다. 이때 壬水가 있다면 乙木이 구제(救濟)되어 용(用)을 다한다. 이와 같이 팔자(八字)의 성패(成敗), 희기(喜忌), 득실(得失), 길흉(吉凶)은 하나로 수렴되는 법이 없다. 이중 가장 중요한 것은 성패(成敗)를 들 수 있는데 성패(成敗) 또한 간지(干支)가 공히 작용해서 정해지는 이치를 간과해선 안 될 것이다.

'적천수'는 세운(歲運)의 의미를 단지 스물 하나의 글자로

함축한 시(詩)로서 다 표현해냈다. 후학(後學)들은 원시(原詩)에 몰두해서 오의(奧義)를 궁구(窮究)하면 그만이다. '적천수'가 논한 것을 지나쳐 모르거나, 원뜻을 훼손하면 곤란하다. 이보다 더한 문제는 '적천수'가 거론하지 않은 지엽(枝葉)에 매달리는 데 있다. 命好不如運好(명호불여운호)나 개두(蓋頭), 절각(截脚)과 같은 얕은 견해에 쉽게 동조되는 자신을 항시 경계하고 衝戰視基孰降(충전시기숙항)과 和好視其孰切(화호시기숙절)의 의미를 깨치는데 힘써 마땅하다. 단언하건대 '적천수'는 여타의 명서(命書)와는 차별되는 신서(神書)의 가치를 지니고 있다. 스스로 총명한 체하여 함부로 비평할 책이 아니라는 얘기다.

著者, 李修[이지승]

1965년, 釜山 生

韓國을 대표하는 世界的 命理學者

predictor@korea.com

[命理著述]

適天髓써머리	동학사 2001
適天髓摘要	대만무릉출판사 2003
八字術必殺技	장서원 2004
八字術파이널블로	장서원 2005
子平眞詮리뷰 I , II	장서원 2005
欄江網마스터리 I , II, III	장서원 2006
適天髓스펙트럼 I , II	장서원 2006
適天髓摘要해설	장서원 2006

생왕사절
生旺死絶, The rise and fall

첫판 1쇄 2008년 1월 12일

첫판 7쇄 2021년 11월 23일

지은이 이 수(李修)

펴낸이 장석홍

펴낸곳 도서출판 장서원

04352 서울 용산구 한강대로 88길 21-5(201호)

전화 703-5362 팩스 797-5362

등록 제 03-01213호

shjang1011@ hanmail.net

정가 12,000원

파본 된 책은 바꿔드립니다.